幸福感法則

揮別焦慮，用幸福荷爾蒙活出美好

山口創──著

楓書坊

前言——自己培育「幸福種子」

在漫長的人生旅途中，總會遇到黑暗、崎嶇的道路。然而，即便在黑暗中痛苦掙扎時，依然能夠點燃幸福的燈火。

我認為，幸福，就是那盞溫柔的燈光。

人們經常誤以為幸福是有條件的，覺得要滿足這些條件，才能獲得幸福。有些人沉迷於灰姑娘般的童話故事，深信只要成為有錢人，就會幸福；也有人習慣與比自己弱勢的人比較，藉此獲取優越感，並誤認為這就是幸福。

遺憾的是，這些想法都是錯的。幸福並非達成某些條件就能夠獲得，也不是與他人比較才能感受到。

本書所探討的幸福，不是來自於外在，而是一種任何人都能在日常生活中自行創造的感受。在這裡，我將這種感受稱為「幸福感」，以此強調幸福是唾手可得，立即就能感受到的感覺。幸福感並非靠追逐獲得，而是能夠親自創造的感受。

我們在日常生活中，其實經常會關注幸福感，只是不太會意識到這件事。例如，會思考該如何與人和睦相處、該怎麼做才能獲得稱讚，或是與他人相比，自己為何缺乏吸引力等。這是因為，我們的日常生活大多處於與幸福感相反的負面狀態。

我們很容易困於焦慮、不滿、憤怒或悲傷等負面情緒。就像置身於黑暗的迷宮之中，若不刻意調整，生活隨時都可能被負面情緒吞噬。

這些情緒源自於人類自古以來的生存本能，確實有其必要性，但同時，這也是對幸福感造成妨礙的最大因素。

因此，為了感受到幸福感，必須掌握對抗負面情緒的策略。唯有在控制負面情緒的情況下，才能進一步創造幸福感。

任何人都能夠迅速感受到的幸福感，可以稱之為「幸福種子」。幸福種子有助於對抗、消除負面情緒，取而代之的是，產生使內心感到平穩、舒適與喜悅的正向感受。

幸福種子只要每天細心培育，就會茁壯成長，最終為人生增添豐富的色彩。

構成幸福感核心的種子，便是多巴胺、催產素、血清素與腦內啡這些神經傳導物質，也就是幸福荷爾蒙。這些荷爾蒙各自扮演不同的角色，調節我們的身心平衡。因此，了解幸福荷爾蒙的作用，並學會促進其活性的方法，對於提升幸福感至關重要。

多巴胺（Dopamine）與獎勵和喜悅的感覺有著密切關係，是促使人勇於挑戰新事物的動力；催產素（Oxytocin）又稱為「擁抱荷爾蒙」，有助於促進與親近之人之間的愛意、信任與親密感；血清素（Serotonin）能夠穩定情緒、改善睡眠品質、緩解壓力並培養積極的心態。腦內啡（Endorphin）則是會在運動或享受親密人際關係的時候分泌，幫助調節身心狀態。

為了讓這些幸福荷爾蒙能夠平衡、大量地分泌，其分泌順序也是關鍵所在。關於這一點，本書將會進行詳細說明，請參考相關內容。

本書的重點在於這些又名為「幸福種子」的幸福荷爾蒙，深入探討如何促進幸福荷爾蒙分泌，並將從多個角度探討邁向幸福的方法，包括如何在生活中融入運動、調整飲食均衡、改善姿勢、實踐感恩，以及提升人際關係技巧等。

此外，本書也將重點討論影響幸福感的阻礙因素，還有可能導致荷爾蒙失衡的原因，並提供應對策略。

要擁有充滿幸福感的生活，知識與實踐缺一不可。

這4種幸福種子，其實已經存在於每個人的大腦中。只要在適當的時機播種、悉心灌溉培育，無疑將成為讓人生更加充實的助力。

與其憧憬（或許）遙不可及，幻想中的幸福，不如從當下的生活開始，播下屬於小小的幸福種子吧。

山口 創

◎目錄

第3章

催產素強化人與人之間的羈絆

第4章

血清素使不安與憂鬱遠離

第5章 腦內啡緩解疼痛與苦楚

第6章 幸福荷爾蒙與性・壓力・睡眠的關聯

第7章 每天都能實踐的幸福荷爾蒙提升法

第8章 提升幸福感的生活方式

※分享網站有時會因為網站等狀況，
未預先告知就變更或移除；
網站如為外文，恕無法提供翻譯。
如有造成不便，還請見諒。

幸福感法則

——揮別焦慮，用幸福荷爾蒙活出美好

第 1 章

幸福荷爾蒙如何產生幸福感

4種代表性幸福荷爾蒙DOSE

要說追求幸福是人生的終極目標也不為過。人，是為了幸福而活著。

市面上充斥著各種關於如何獲得幸福的書籍，然而，畢竟每個人在感受到幸福的時機都不一樣，本書所要介紹的並非一般所謂的幸福理論。

即便追求那些幸福理論，想要將其日常化也並非易事。與其拘泥於幸福理論，**倒不如嘗試在日常生活中做點小小改變，讓自己更容易感受到幸福，也許才是通往幸福的捷徑。**

舉例來說，本書將會介紹如何透過調整姿勢來促進幸福荷爾蒙的分泌。許多人可能會疑惑地想說「光是調整姿勢，就能讓人變得幸福？」我一開始也半信半疑，結果，在日常生活中開始留意調整姿勢後，我切身感受到各方面都有明顯的變化。

要說為什麼，背後的原理可以這麼解釋：因為地心引力對人體施加的壓力相當大，大部分的人會在不自覺的情況下駝背。不過，只要在日常生活中稍微留意自己的姿勢，試著抬頭挺胸，抗重力肌（詳參照119頁）便會受到刺激，促使幸福荷爾蒙血清素（Serotonin）增加。如此一來，將能夠感受到自信心顯著地上升。

當一個人擁有自信，自我肯定感隨之提高後，行動會愈加積極。即便只是間接性的行動，只要持續進行小小的改變，最終也會逐漸轉變為積極的行動模式，並朝向自我實現這一遠大的目標邁進。

本書將探討4種代表性的幸福荷爾蒙。這些荷爾蒙可以透過自身調節來促進分泌，立即產生效果。簡單介紹如下（**圖1**）。

這4種荷爾蒙合稱為DOSE，由其英文名稱的首字母組成。大致可以如**圖2**所示進行分類。**圖2**的縱軸代表「興奮——鎮靜」，橫軸則是「以自我為中心・節奏快速——以他人為中心・步調緩慢」。首先是多巴胺（Dopamine）會提高興奮程度，促使人們為了達成目標而採取行動。

在達到目標後，腦內啡（Endorphin）會幫助身心恢復原本狀態，並給予名為快樂的獎勵。

血清素（Serotonin）能夠維持身心的平衡。在早上醒來並進入活動狀態時，血清素會刺激自律神經的交感神經，使人保持清醒，並加強表情肌與姿勢肌的運作。此外，當個體感受到相較於他人處於優勢時，也會增加血清素的分泌，進而提升自尊心。

圖1　代表性的幸福荷爾蒙

多巴胺 （Dopamine）	一種負責調控獎勵機制與快感的荷爾蒙。在全神貫注於達成某個目標時，會大量釋放，進而提升動力與專注力。然而，多巴胺過量分泌可能會導致藥物成癮或賭博成癮等依賴行為。
催產素 （Oxytocin）	催產素又名為「擁抱荷爾蒙」，與社會羈絆與建立信任、愛情關係有著密切的關聯性。在分娩時，催產素能強化母嬰之間的羈絆，加深親子關係。此外，身體接觸或利他行為也能促使催產素分泌。
血清素 （Serotonin）	一種調節幸福感、穩定感與放鬆感的荷爾蒙。血清素不足可能會引發憂鬱、焦慮等心理問題。飲食、規律運動與睡眠習慣都會影響血清素的分泌。
腦內啡 （Endorphins）	以天然鎮痛物質為人所知，能幫助人體應對身體壓力與疼痛。運動、大笑或愉快的經驗都能促進腦內啡分泌，進而減輕疼痛並帶來愉悅感。

圖2　分類DOSE

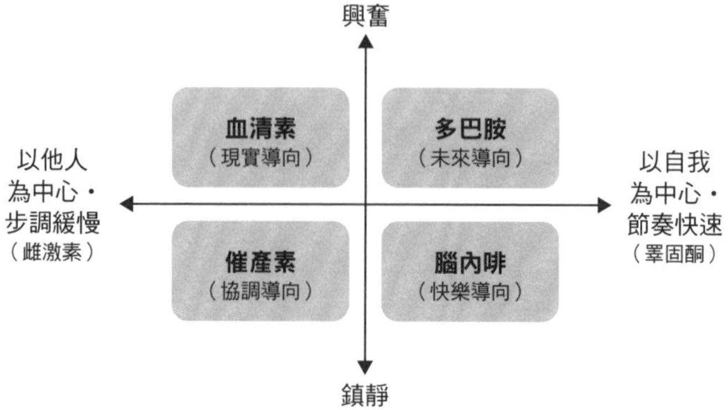

催產素（Oxytocin）有助於放鬆，並在與親密之人互動時產生愉悅的幸福感。

DOSE又稱「成功荷爾蒙」。不僅能帶來平穩愉悅的情緒，還能讓人充滿活力，更加樂觀，加深與他人的羈絆，提升專注力與動力，培養領導能力，並建立對工作的自信心。

要改善目前的工作或家庭環境，甚至影響他人或家人的行為並非易事，不過，改變自己的行為模式或飲食習慣卻相對簡單。只要做點小改變，就能促進幸福荷爾蒙分泌。

許多研究指出，在影響幸福感的各種因素中，遺傳因素的影響僅占3～4成，環境因素則占6～7成。換句話說，**影響幸福感的關鍵，取決於個人的掌控能力。**

試著稍微改變自己的行為，並憑藉堅持到底的意志力，便可以透過訓練與鍛鍊來提升幸福感。

分泌順序是重點

這4種幸福荷爾蒙，最理想的分泌順序是什麼呢？

每一種荷爾蒙都與我們的活動或行為息息相關。

其中，多巴胺負責驅使身體行動，也就是行動的「原因」。其他三種荷爾蒙則是作為某個行動的「結果」而分泌，這是兩者的主要差別。

因此，首先需要增加作為行動動力的多巴胺。只要開始行動，其結果便會促使其他荷爾蒙分泌。

多巴胺是一種會使人興奮並充滿能量的荷爾蒙，讓人專注地追求並致力於實現某個目標。當最終達成目標時，腦內會分泌腦內啡，帶來無與倫比的幸福感，並讓人暫時停下腳步。然而，當多巴胺增加後，大腦會試圖維持平衡，分泌具有療癒作用的血清素與催產素。

對於這些荷爾蒙的分泌順序我曾經非常苦惱。也有人主張應該優先追求內心的穩定，這種觀點認為，唯有內心穩定，才會產生與親近之人和睦相處的想法，而且正因為身邊有親近之人，才會開始想過著朝著目標前進的生活。

這種說法並沒有錯，對部分的人而言，這樣的順序或許更為適合。不過，個人認為，即使內心獲得穩定，也未必會產生與親近之人和睦相處的心情。

同樣地，即使擁有親近之人，也不代表一定會擁有能夠促使多巴胺分泌、令人心跳加速、充滿期待的目標。有些人可能只滿足於血清素帶來的內心穩定；有些人則覺得有能夠親密相處的朋友，光是催產素所帶來的關係就已經足夠。

回顧自己的人生，我認為，**還是要先擁有目標，以多巴胺成為核心的生活方式，才是通往幸福的關鍵。**正因為擁有追逐目標時的悸動與興奮，人們才能夠感受到每天的生活都充滿光輝與喜悅。

○讓人幸福的話語

圖3是運用文字探勘，針對樣本為235位大學生的問卷調查進行分析後的結果。

在這項問題為「他人對你說什麼話，會讓你感到幸福？」的調查中，由受訪者自由作答，研究者再分析哪些詞語出現頻率最高，並探討它們之間的關聯性，再依此分類整理。

結果顯示，最常被提及的詞彙是位於圖表中央的「感謝」，也就是當對方表達感謝時，受訪者會感到幸福。同樣地，當他人「稱讚」自己、說「一起」共度時光很「開心」、形容自己「溫柔」、「有趣」，或是當人格特質受到正面肯定時，也會讓人感到喜悅。

此外，如圖表右下所示，「努力」與「奮鬥」這些詞語也與「認可（被認可）」有關。這些通常發生在與親近之人的互動，當自己的努力受到肯定時，會讓人覺得自身的存在價值與尊嚴獲得認同。

圖3　能讓人感到幸福的詞彙

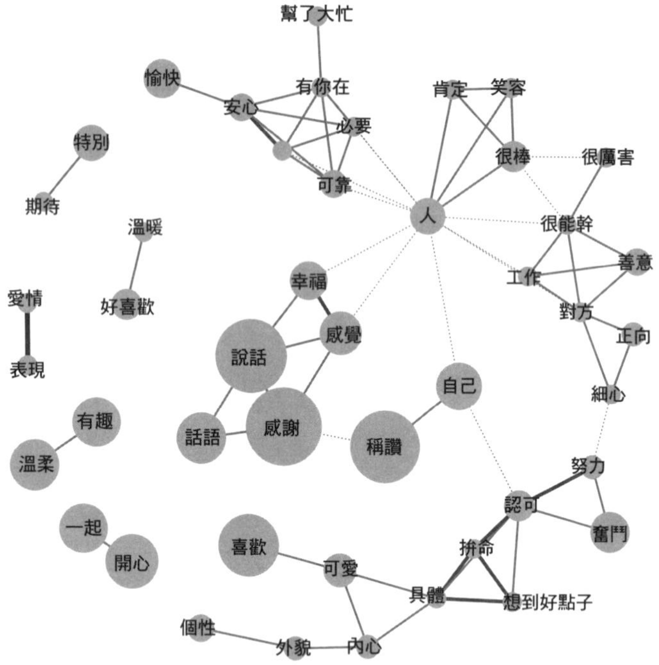

圓圈的大小代表詞語的出現頻率，圓圈愈大，表示有愈多人寫下該詞語。線條則表示詞語之間的關聯，線條愈粗，代表關聯性愈強。

（資料來源：山口創研究室）

接下來，各位讀者也請不要害羞，大方地向身邊的人表達感謝，或給予正面的肯定。並試著用微笑來面對他們，當對方因此感到幸福時，這份情感最終也會回饋到自己身上，各位同樣能夠收到溫暖的話語。

要改變他人的行為並不容易。在這種情況下，與其期待對方改變，不如先從自己開始，才是明智之舉。當自己改變時，對方也一定也會有所改變。

感受到幸福的時刻

圖4是針對「什麼時候會感到幸福？」這個問題所做的調查，並以相同的分析方法對受訪者的回答進行整理。

從結果可得知，出現頻率最高的詞彙是位於圖表右上的「吃」，一起出現的詞語還有「美味」、「飯」，以及「喜歡」、「人」等。換句話說，「享用美味的食物」是讓最多人感到幸福的事，這也與腦內啡的分泌有關。

此外，也有許多人回答「和喜歡的人一起吃飯」會感到幸福。

這與催產素有關。此外，在圖表的左側，也有與「朋友」或「家人」共度「珍貴」「時光」的

圖4　什麼時候會感到幸福？

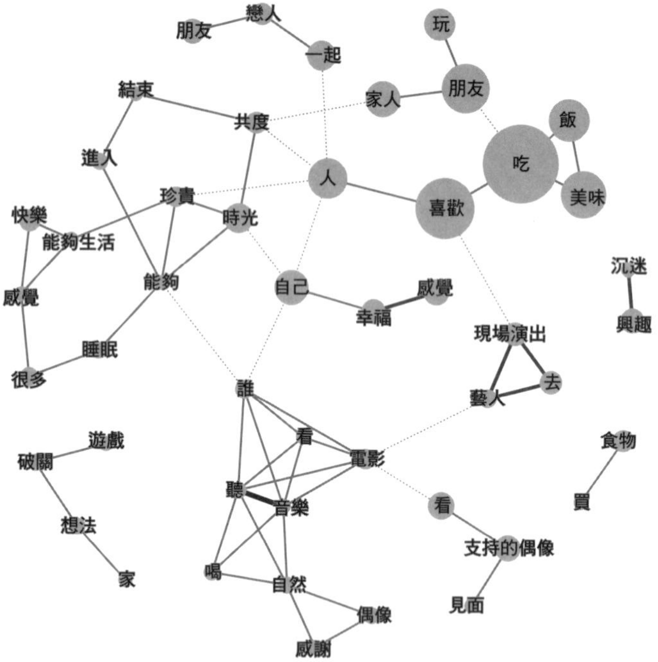

圓圈的大小代表詞語的出現頻率，圓圈愈大，表示有愈多人寫下該詞語。線條則表示詞語之間的關聯，線條愈粗，代表關聯性愈強。

（資料來源：山口創研究室）

詞語，這與血清素及催產素有所關聯。

另一方面，在圖表左下，也有列出「遊戲」「破關」，與這部分有關的是多巴胺。

在其右側，則有「看」「電影」或「聽」「音樂」等類別，這些活動與「看」「支持的偶像」、「去」「藝人」的「現場演出」等類別有緊密的關聯，這同樣與催產素有關。

由此可見，人們感到幸福的時刻，幾乎都與這4種幸福荷爾蒙中的某一種有關。

○男女之間的幸福荷爾蒙有何不同

根據近期的研究顯示，幸福不僅與「被感謝」或「被稱讚」等人際關係因素相關，還與身體狀態有關。

例如，睡眠、適度運動、飲食習慣等，都有助於提升幸福感。只要擁有正確的知識，任何人都能輕鬆實踐這些保養身體的方法。

不過，也有需要注意的地方。由於男女之間的荷爾蒙不同，幸福荷爾蒙的作用方式也會有所差異（關於性荷爾蒙的詳細內容，請參閱第6章）。

舉例來說，有許多男性希望鍛鍊肌肉，讓自己的身材更加壯碩。然而，體格強壯並不代表就能獲得幸福。確實，透過鍛鍊肌肉使身體健壯，心理也會隨之更加堅韌。**但內心愈強大，可能會愈難察覺他人的痛苦。**

實際上，在二〇〇六年，荷蘭生理學家哈曼斯等人進行了一項實驗，他們在女性受試者的身體裡注射男性荷爾蒙「睪固酮」。此荷爾蒙又稱「活力荷爾蒙」，與提高肌肉量等作用有關，男性的睪固酮分泌量約為女性的10～20倍。實驗結果顯示，受試者辨識「信任」與「共鳴」等情感的能力下降。據推測，這是因為睪固酮會干擾大腦中負責處理情緒的區域，使其資訊傳遞混亂。

其原因在於，若對競爭對手產生信任或共鳴的情緒，反而會對取勝造成障礙。

由此可知，當一個人愈加強大時，愈難察覺他人的痛苦，即便察覺到了，也難以產生共鳴。由於對他人情感的敏感度降低，難以建立信賴關係，人與人之間會因此產生距離，甚至誤以為自己凌駕於對方之上。

作為幸福的要素之一，最重要的是與親近之人建立良好關係。然而，追求力量卻可能讓人與幸福漸行漸遠。

我反而認為，與強、弱無關，能夠承認並接納真正的自己，並對他人的痛苦保持敏感的人，才能獲得幸福。以荷爾蒙來說，睪固酮適度即可，也要試著追求血清素。只要同時擁有這兩種荷爾蒙，就能成為兼具力量與溫柔的「最強男性」。

接下來是女性。我個人認為，比起男性，女性更加地「活在身體裡」，或者說，與自己的身體更親密，這麼說的話可能更好理解。

然而，這個所謂的「身體」，真的是自己能夠打從心底珍惜、感受的身體嗎？其實不然。或許，更習慣於「被男性觀看的身體」或「被社會評價的身體」。

在意外界眼中的身體，確實會讓人不自覺地追求外在美。然而，若一味追求外表美麗，忽略了追求內在美與珍惜自我的心態，最終依然無法成為美麗的人。

內在美麗的人，絕不會忘記愛惜、呵護自己。**無法愛自己的人，也沒辦法去愛身邊重要的人。**

因此，以荷爾蒙來說，與外在美有關的女性荷爾蒙「雌激素」適度即可，更應該優先追求「催產素」。對女性而言，若能同時擁有這兩種荷爾蒙，便能兼具內在美與外在美。

○幸福荷爾蒙在生物體內的作用

對生物來說，「幸福荷爾蒙」的根本作用是什麼呢？

是為了**讓我們感到幸福，以確保生存。**大約500萬年前，我們的祖先離開非洲富饒的森林，踏入危機四伏的草原，以群體的方式守護彼此，並擴大行動範圍。這群具有獨特特徵的靈長類，最終演化成人類。

因此，我們人類也是，比起安於現狀，更想要如祖先般，勇於挑戰、積極行動，拓展生活範圍，這是自古以來留存在我們體內的生存法則。而這樣的本能，藉由「多巴胺」與「腦內啡」等荷爾蒙，在我們的大腦裡延續至今。

此外，我們的祖先選擇群體生活的生存方式。在這樣的生活中，一方面要努力超越他人，另一方面也必須與群體中的成員建立互相信賴的羈絆。這樣的特質，藉由「血清素」與「催產素」等荷爾蒙，代代相傳至今。

了解這些原理後，自然就能夠理解，要想讓自己感受到愉悅與幸福，應該如何生活、行動。換句話說，與其滿足於現狀，不如勇敢迎向新的目標，積極行動，努力追求。在工作上，既要

圖5　各類型、各年齡層的幸福特徵

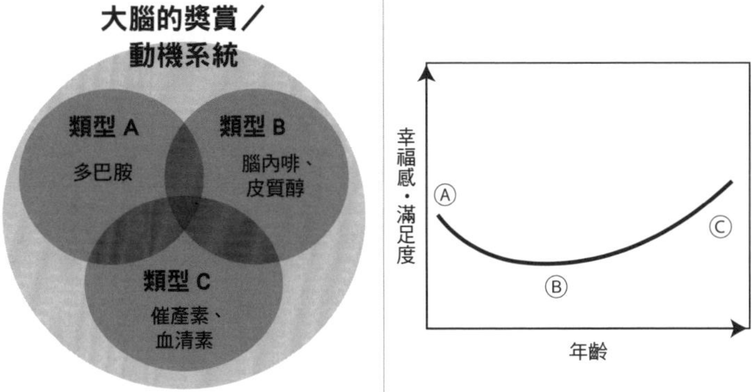

依類型劃分的大腦獎賞／動機系統
（改編自：Esch T.2022）

幸福感／滿足度隨著年齡增長上升
（改編自：Esch T.2022）

努力超越競爭對手，也要與夥伴建立互相信賴的關係。正是這樣的生活方式，才能為我們帶來幸福。

○隨著年齡變化的幸福荷爾蒙

所謂幸福，並不是認知上的評價或判斷，而是一種大腦直接感受到的情緒。因此，與大腦功能的變化密切相關，也會隨著年齡而改變。有鑑於此，有人將幸福歸納為三種類型（圖5）。

＊類型A（年輕人的幸福）

類型A是由多巴胺驅動，以未來為導向的「怦然心動」與「充滿期待」的感覺。其

中，年輕人對這種幸福感追求尤為強烈。

年輕時，往往不甘於現狀，物欲旺盛、渴望賺錢、品嚐美食、擁有理想的伴侶、享受性愛等，這些欲望的背後，充滿著對未來的想像與期待。加上旺盛的好奇心，為了尋求刺激，就算冒險也在所不惜，不斷追求那些令人怦然心動、熱血沸騰的瞬間。

年輕人的幸福，往往藏在追求「人生最棒瞬間」的過程中。實際上，有研究顯示，那些充滿好奇心、對各種事物積極行動的人，幸福感通常會更高。

同時，這個階段也是開始思考自身未來，對未來感到迷惘的時期。會經常幻想理想的未來，並與他人討論、描繪自己的理想藍圖。

像這樣自由暢想未來，不考慮「現在、這裡」這一現實的狀態，正是多巴胺發揮作用的樣子。

戀愛也是如此。年輕人戀愛時，容易對「被熱烈地愛著」或「熱烈地去愛」心生嚮往，並從心跳加速的感覺中獲得戀愛的喜悅。為了追求理想的伴侶，多巴胺的分泌也會達到高峰。這股戀愛的悸動，也與性慾有關，性慾則是與男性荷爾蒙「睪固酮」有關。在找到理想的伴侶時，會喚醒作為動物的本能，性慾也隨之增強。

然而，多巴胺的分泌只會持續到「獲得」的那一刻。一旦得到了對方，多巴胺便會驟減，睪固酮的分泌也隨之下降。於是，有些人會開始尋找下一位理想伴侶，踏上新的旅程，不斷重複同樣的循環。

然而，隨著性行為的發生，多巴胺會減少，取而代之的是催產素的分泌增加。於是，先前那段炙熱而充滿激情的戀愛關係便告一段落，幸福感也逐漸轉向於建立穩定的信任關係。

圖6是針對200位10幾歲至20幾歲的男女，請他們自由書寫「感受到幸福的時刻」後，整理出來的結果。

從圖中可以看出，像左下角那種「吃美食」、「睡覺」等描述平靜日常生活的內容，出現頻率相當高，同時也有不少人提到右上角的「與喜歡的人共度時光」。此外，如下方所示的「聽音樂」、「買到心儀的東西」等，關於個人興趣的回答也不少。

由此可知，年輕時的幸福感，大致可分為三大類：一是比例較高，由多巴胺驅動，透過追求自己喜愛的興趣而獲得的幸福；二是來自催產素，與喜歡的人、家人和朋友相處所帶來的幸福；三是

圖6　10幾歲至20幾歲感受到幸福的時刻

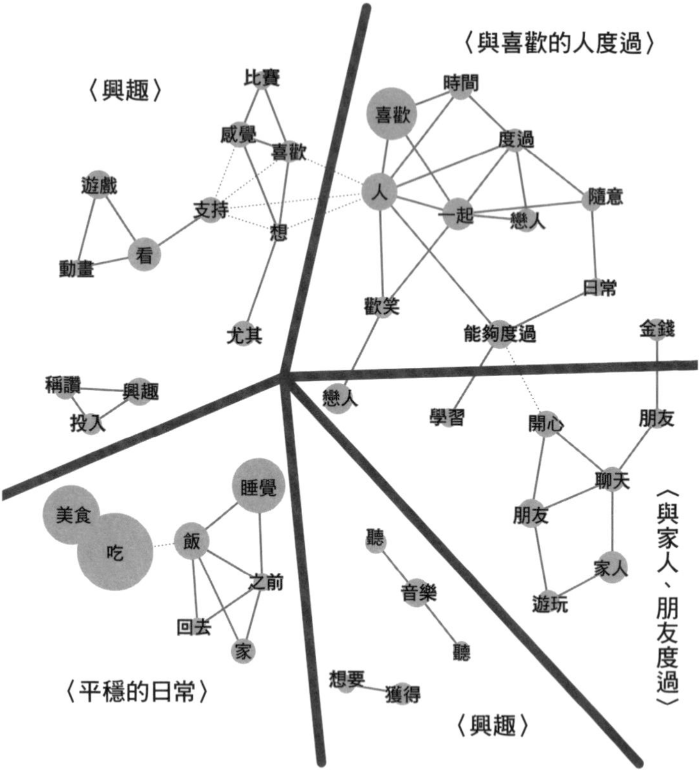

圓圈的大小代表詞語的出現頻率，圓圈愈大，表示有愈多人寫下該詞語。線條則表示詞語之間的關聯，線條愈粗，代表關聯性愈強。

（資料來源：山口創研究室）

血清素帶來的，於平穩的日常生活中獲得的幸福。

＊類型 B（成年時期的幸福）

類型B同時也是從青少年時期到成年期的特徵之一。當年輕時曾渴望擁有的目標，例如，伴侶、房子、車子、美食等，都已經在某種程度上實現後，接下來會進入為了維持這些成果而趨於保守的時期。

然而，這個時期在追求穩定的同時，也充滿了變化，例如，有了孩子（或無法懷孕）、升遷（或失業）等。

這些變化，無論好壞都是一種壓力。這個時期的人生，會以「即使接連面對新事件，也能維持一貫的自我，適應環境的變化，穩定地度過每一天」的安心感作為基礎。

因此，如何應對壓力，成為決定幸福的關鍵因素之一。其中的重點在於，掌握「如何降低因壓力分泌的壓力荷爾蒙」等壓力管理的方法。

此外，當身體對壓力產生過度反應時，透過與伴侶確認愛意、接受伴侶體貼的言語，也會有助於舒緩緊繃的神經。

圖7　30幾歲至50幾歲感受到幸福的時刻

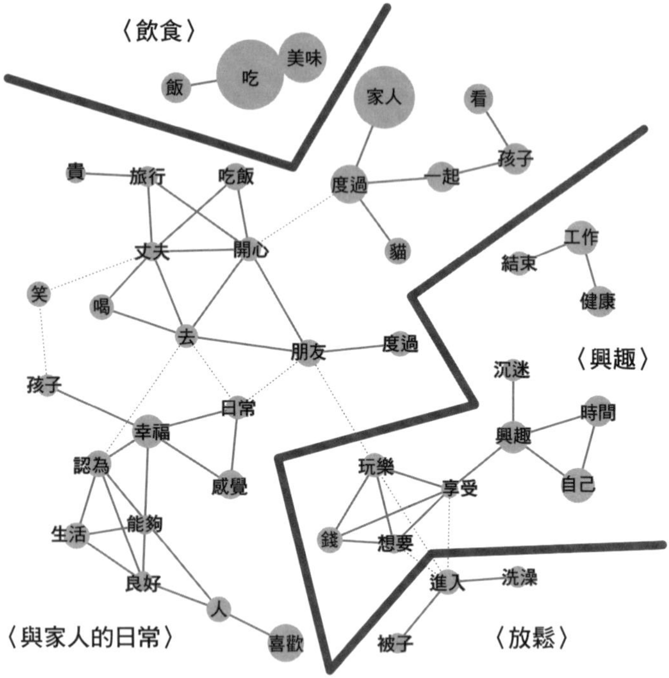

圓圈的大小代表詞語的出現頻率，圓圈愈大，表示有愈多人寫下該詞語。線條則表示詞語之間的關聯，線條愈粗，代表關聯性愈強。

（資料來源：山口創研究室）

這些行為會促進催產素和血清素的分泌，並使人在人際關係中尋求安全感。

圖7是針對30幾歲至50幾歲的300位男女，請他們自由書寫「感受到幸福的時刻」後，整理出的結果。

從圖中可以看出，如上方所示，與10幾歲至20幾歲的年輕人相同，仍有許多人在「吃」到「美味」的食物時感到幸福，但右側數據顯示「興趣」的比例下降，取而代之的是，中間「與家人共度日常」的比例明顯上升。

由此可知，人類傾向在確保家庭這個安全的歸屬後，再去追求興趣，或是藉此紓解工作壓力，這些行為都與幸福密切相關。

＊類型C（老年時期的幸福）

接下來的類型C指的是老年時期。老年時期大多伴隨著疾病或受傷，導致喪失的事物增加，難以維持至今的健康狀態。想做的事情難以實現，想要的事物幾乎已經獲得，於是，欲望也會隨之下降。因此，或許有許多人會以為這個時期的幸福感會大幅降低。

然而，事實並非如此。調查數據顯示，人生中最感到幸福與滿足的，其實是年長者，此現象以

「老化悖論（Aging Paradox）」為大眾所知。

從**圖5**「隨著年齡增長，幸福感／滿足感上升」中也可得知，大致呈現U字型曲線，幸福感在高齡期時達到高峰。

為什麼會這樣呢？

第一個原因是，人類在經歷新事物時，起初受到強烈的情緒影響，但漸漸習慣後，情緒波動會減弱，這是一種心理適應的現象。

也就是說，漸漸地無論看到什麼都不再驚訝、不再輕易動搖。隨著年齡增長，在這種心理適應下，有時會讓幸福感提升。

第二，年長者在經歷不幸事件時，通常會將其視為「無可奈何的事」，或試著以「命運」來說服自己，甚至選擇放棄某些目標。

像這樣改變思考方式與價值觀，在感受到過去追求的人生目標難以實現時，也能維持一定的幸福感。

第三，當年長者感受到人生所剩時間不多時，傾向更強烈地追求幸福，並自然而然選擇有助於提升正面情緒的資訊。

例如，在實驗中，觀察年長者面對會引發正面情緒的刺激（如微笑）與引發負面情緒的刺激（如皺眉）時，發現他們較常注視前者，較少關注後者。

這樣的傾向在年長者身上比年輕人明顯。一般認為，這種現象與催產素的作用有關。催產素會讓人更偏好帶有正面情緒的表情，並對這些表情留下更深刻的記憶。

換句話說，隨著年齡增長，想要提升幸福感的心情會更加強烈，於是這類能帶來幸福的行為也隨之增加，使幸福感提升。

圖8是針對60幾歲至70幾歲共200位男女，請他們自由寫下「感到幸福的時刻」後，所整理的結果。從圖中下方可以看出，與年輕人與中年人相同，許多人仍會因為「吃」「美味」的食物而感到幸福。不過，右側數據顯示，「興趣」的占比進一步減少，相對地，左側提到「伴侶或朋友」等人際關係的比例則明顯增加。此外，同時也記錄了許多與「和家人健康地共度時光」或「家人的健康」有關的內容。

由此可見，除了自身的健康與興趣之外，能否和家人一同讓孩子或孫子健康生活，也是影響幸

圖8　60幾歲至70幾歲感受到幸福的時刻

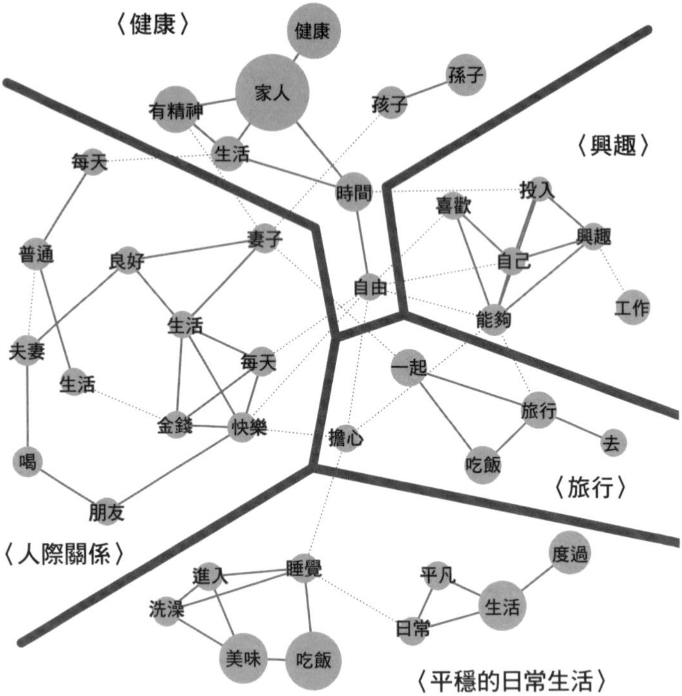

圓圈的大小代表詞語的出現頻率，圓圈愈大，表示有愈多人寫下該詞語。線條則表示詞語之間的關聯，線條愈粗，代表關聯性愈強。

（資料來源：山口創研究室）

福感的重要因素。

像這樣，隨著一生中「幸福荷爾蒙」分泌方式的變化，人類對幸福的理解與追求方式也會轉變。

當然，這只是一般的趨勢，實際上也有人即使年紀漸長，依然分泌大量多巴胺，透過持續追求自己喜歡的事物來獲得幸福感。畢竟每個人對幸福的定義不同，重點在於，也要能夠清楚了解自己如何才能獲得幸福。

接下來，我將從多巴胺開始，依序介紹這些「幸福荷爾蒙」的特徵，以及如何有效促進其分泌的方法。

【第2章】

多巴胺讓心情興奮雀躍

○多巴胺並非「快樂物質」

經常會有人稱多巴胺為「快樂物質」，但這個稱呼並不正確。

多巴胺是一種在期待獎賞時分泌的「期待物質」，其本身並不會直接帶來快樂。也就是說，多巴胺並不是因為「擁有」某樣東西而感到開心，而是「即將獲得」時的那份期待感。

圖9是筆者針對300位大學生所進行的調查結果。調查中，要求受試者回答「你會在什麼樣的情境下，為了想要的東西而感到心動？」這一問題，藉此了解促使多巴胺分泌的代表性情境。

從這張圖可以看出，多巴胺分泌最旺盛的時刻大致可分為三類：

①自我方面：是在「自己」快要「追到」、即將「觸及」、逐漸「靠近」目標的「過程」中。或是與自己心中「理想」的人事物「邂逅」的時候。

②物品方面：是在將「想要」的物品「入手」的瞬間、與「正在尋找（找到）」的「商品」「相遇」、買到「喜歡的藝人」的「周邊商品」，或是「中獎」和「意外發現」這類商品的時候。

③人際關係方面：是「想像」「喜歡」的「人」「開心」的畫面時。

圖9 心動時刻

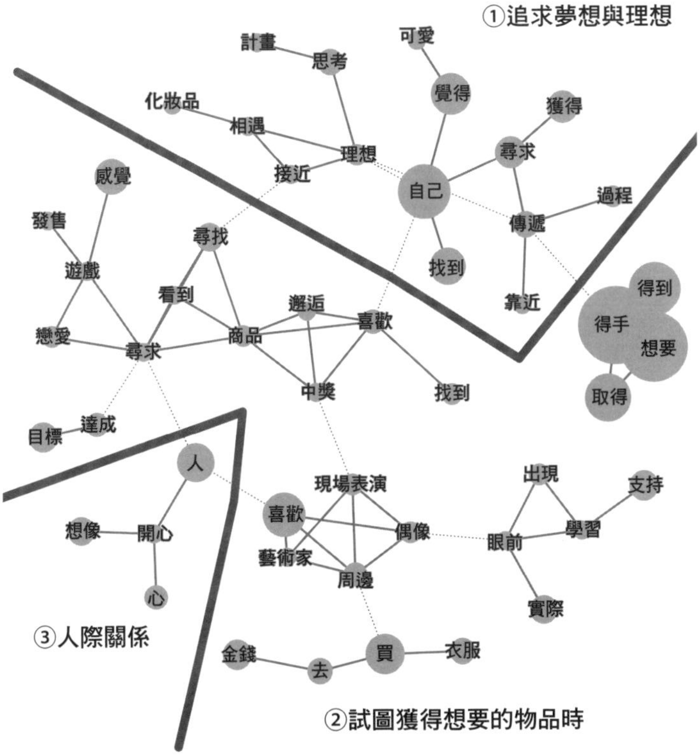

圓圈的大小代表詞語的出現頻率，圓圈愈大，表示有愈多人寫下該詞語。線條則表示詞語之間的關聯，線條愈粗，代表關聯性愈強。

（資料來源：山口創研究室）

其中，我要針對①「追求夢想與理想」以及②「試圖獲得想要的物品」兩者進行說明。

這些情境都與多巴胺有關。無論是哪一種，實際上都處於「不確定是否能實現理想」或「不確定能否得到想要物品」的狀態，正因為如此，人類才會努力去爭取。這就是所謂的「酬賞預測誤差（reward prediction error，RPE）」。

近年的研究顯示，「酬賞預測誤差」是影響多巴胺分泌的關鍵因素。

我在小學時非常熱愛釣魚。幾乎每天都會和朋友跑到附近的河邊，從白天釣到天黑。釣魚的世界博大精深，愈是深入愈讓人著迷。

記得有一次很想釣鯰魚，我先從翻閱書籍開始，研究釣法，以及該挑選哪種魚餌、釣線和捲線器，花了好幾天準備。我還調查牠們通常會在哪個時段、藏在哪種地方。

在朝著目標一步步準備的那段期間，我每天都興奮不已，滿心期待，樂在其中。終於萬事俱備，我懷著激動的心情，走到河邊，拋下釣線，看著魚餌在水中游動。

猶記得那一刻，我的心臟跳得飛快，手還因為過度興奮而顫抖。那時的我，正懷抱著「釣到鯰魚」這一報酬的期待，多巴胺絕對分泌到了最高點。

在接連好幾天的堅持不懈下，終於迎來釣到鯰魚的那一天。當時從釣竿傳來鯰魚掙扎的震動，帶來了一種無與倫比的衝擊與感動。

像這樣預測「釣到鯰魚」這個結果，有時會釣到比預期更大的鯰魚，有時則是完全沒有任何收穫。即便如此，之所以仍然會選擇去釣魚，正是因為有著「結果或許會超出預期」的可能性。

嚴格來說，釣到鯰魚時感受到的興奮與感動，是因為腦內釋放了腦內啡；多巴胺則是在釣到之前，讓人充滿期待與幹勁。

像這樣，即使預測可能落空，只要我們仍憑著過去的成功經驗，**持續朝著夢想或目標邁進，就會分泌出多巴胺。**

多巴胺的發現

最早發現多巴胺的是，加拿大奧爾茲（Olds）與米爾納（Milner）等人所組成的研究團隊。一九五〇年代，研究人員在老鼠的大腦中植入電極，觀察牠們的行為變化。實驗結果顯示，當電極植入中腦的伏隔核時，老鼠隔天大部分時間都會待在曾經接受電刺激的位置，這一現象引起了研究人員的關注。

於是，他們設計出一種裝置，只要按下控制桿，電流就會傳送到大腦。沒想到，老鼠竟然以

圖10　腹側被蓋區與報償系統

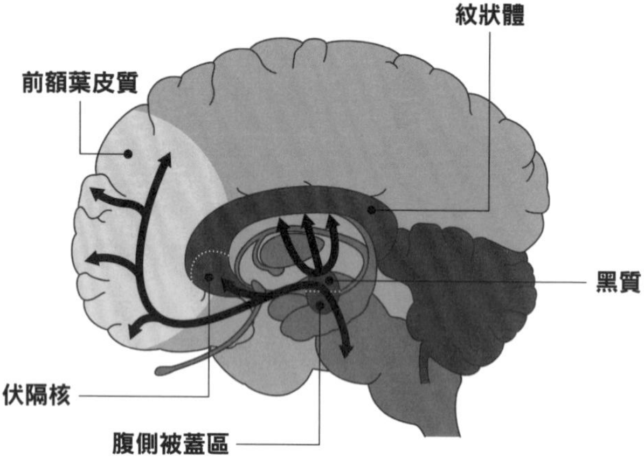

驚人的速度不斷按壓控制桿，每小時高達7千次。

後續的研究發現，就算老鼠處於極度飢餓的狀態，或者身旁有發情的雌鼠，牠們仍然毫不在意地持續按壓控制桿。由此可知，老鼠透過按壓控制桿所獲得的快感有多麼強烈、多麼令牠們無法抗拒。

這項研究顯示，大腦中確實存在能帶來強烈快感的結構。

多巴胺在大腦中名為「腹側被蓋區」（圖10）的區域分泌後，會釋放到前額葉皮質與伏隔核。此外，多巴胺也會在黑質中產生，並釋放到紋狀體。

這些區域所釋放的多巴胺，與「喜悅」和「獲得報酬」的情緒密切相關，會影響我們的行為與動機。會影響我們的行為與動機。這一神經構造稱為「報償系統」。不僅如此，多巴胺也會對認知功能與運動功能產生影響。

不過，如果確定一定能得到獎賞，大腦就不會分泌多巴胺。舉例來說，當一隻飢餓的老鼠吃到飼料時，牠的大腦會釋放多巴胺；但如果改為每隔5分鐘固定給牠一顆飼料，隨著時間流逝，多巴胺的分泌量就會逐漸減少。

這並不是因為牠已經吃飽了，而是因為牠已經知曉「不管自己做什麼，只要等5分鐘就會有飼料送上門」。在這種狀態下，沒有先前所提過的「酬賞預測誤差」，自然也不會產生多巴胺。

心理學家史金納（Skinner）注意到這一點，便設計了一種裝置：只要老鼠按下控制桿數次，就會獲得飼料。不過，次數是隨機的，有時按3次就有飼料，有時則得按到8次才會出現。結果，老鼠開始拚命地按壓控制桿，這正是多巴胺在背後推動的力量。

若把這套機制套用在人類身上，說穿了，就是賭博的本質。

圖11　人類祖先的移動路線

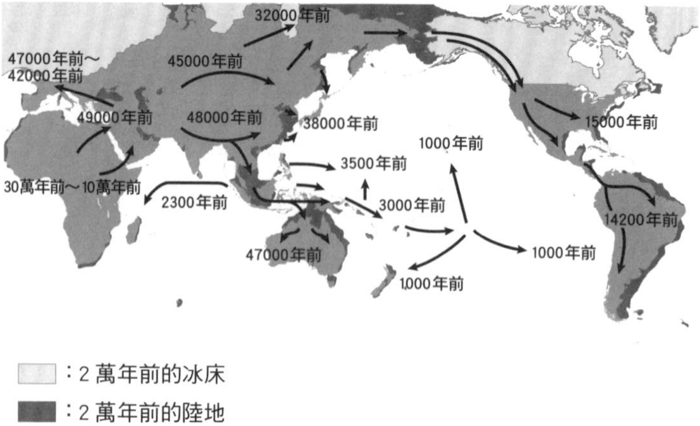

（資料來源：改編自《朝日新聞 Globe+》專題〈關於移動的旅程〉）

彈珠臺、輪盤、扭蛋、夾娃娃機、撲克牌、花牌、麻將、賽馬、賽艇、彩券等，日常生活中充斥著這類與賭博類似的活動。這些活動之所以令人著迷，正是因為這些行為引發了「酬賞預測誤差」，刺激多巴胺分泌，讓人不知不覺深陷其中。

◯人類的進化仰賴多巴胺

可以說，多虧了多巴胺的存在，人類才能演化至今日也不為過。即使必須延後獎賞，我們也能為了目標堅持不懈地努力好幾年。這樣的挑戰精神，讓我們從非洲的疏林草原出發，橫渡大海，來到世界各地。

根據美國加州大學人類學者的研究，**這股**

圖12　39地區的人口遷徙距離與擁有較長7R等位基因比例

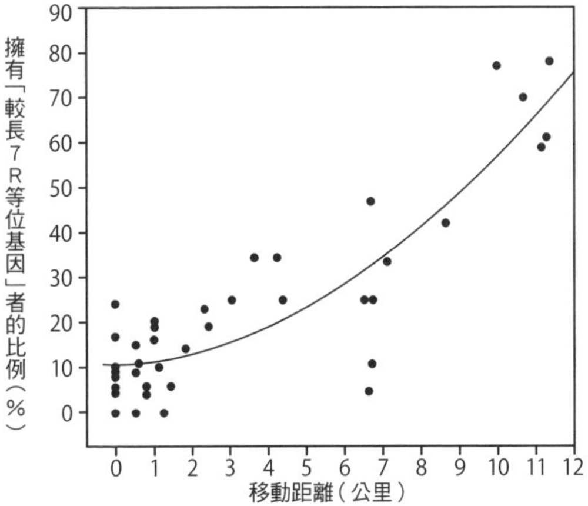

居住在祖先遷徙距離較遠地區的人群中，擁有「較長 7R 等位基因」者的比例較高
（資料來源：Chen, C., Burton, M., Greenberger, E., & Dmitrieva, J.1999）

渴望追求新事物的冒險精神背後，正是多巴胺在發揮關鍵作用。

根據陳教授等人所進行的基因分析與其他研究，我們已逐漸確認，現代人類大約在30萬年前至10萬年前起源於非洲。此後，人類的祖先自非洲東北部的突出地帶遷往阿拉伯半島，並從那裡分成三條遷徙路線：一是從伊朗一帶出發，前往東南亞與大洋洲的南方路線；二是經由中亞通往東亞與北亞的北方路線；三是從中東前往歐洲的西方路線（**圖11**）。

陳教授等人進一步對比分析，這些離開非洲的人類祖先在多巴胺受體上的差異。

他們尤其關注一種名為「7R等位基因」

的基因長度，這種基因與探索新事物、喜好冒險的行為傾向密切相關。研究結果顯示，遷徙距離愈遠的人群中，擁有較長７Ｒ等位基因的比例也愈高（**圖12**）。

關於這一點有多種說法，但普遍認為，正是那些富有冒險精神的祖先，花了數十萬年的時間不斷遷徙、尋找新土地，人類才得以逐漸遍佈世界各地。

此後，人類開始製造石器與武器，發展語言，隨著具備思考未來的能力，開始發揮出創造力，一步步實現渴望的目標。

即使目標不斷實現，人類仍不滿足，反而繼續創造出更多嶄新的事物，逐步建構出現今的社會。

要說多巴胺是推動人類不斷進化的能量來源也毫不為過。

研究顯示，將人類與最相近的黑猩猩進行比較，基因差異其實不到２％。而決定性的差異，就在於是否擁有與多巴胺相關的神經系統。

多巴胺也與過去記憶與未來想像有關的認知功能有關。因此，**多虧了多巴胺，人類才能夠擬定未來目標，一步步規劃與實踐，朝著目標前進。**

然而，並不是每個人都能以相同的方式努力不懈。比起得花好幾年才能獲得的獎賞，有些人可能會選擇能夠立刻、輕鬆獲得的回報。畢竟，這類獎賞本身就帶有甜美的吸引力，一旦嚐過，很可能就會上癮。

我們經常在不自覺的情況下，日復一日地追逐這些輕易得手的刺激來源。例如智慧型手機、香菸、酒精等，這些在生活中都隨處可見。

相較之下，經過多年努力後才獲得的獎賞，在質與量上都與立即性獎賞截然不同。舉例來說，經過長時間努力唸書，終於考上理想學校的那一刻所帶來的成就感，絕對是無可取代的獎賞。

多巴胺的分泌量並沒有上限，所以即使達成艱難的目標，仍可能渴望更多的多巴胺，進而朝著更高的目標邁進。但若過度追求，有可能導致多巴胺分泌過量，最終陷入幻覺或妄想的狀態，因此必須特別留意。

透過努力獲得的多巴胺，基本上不會造成太大的問題。但若總是仰賴捷徑，只想用最省力的方式獲得多巴胺帶來的快感，那就很可能是一種危險的徵兆。至於原因，我將在接下來進一步說明。

◎多巴胺對身心的影響

＊提高認知功能

多巴胺的作用遍及大腦多個區域，因此也會對認知功能產生影響。

像是曾經遭到朋友欺負或嘲弄等不愉快的記憶，即使再怎麼想忘記，往往還是揮之不去。

這類長期記憶其實也與多巴胺有關。負責管理長期記憶的是大腦中名為「海馬迴」的部位。**當海馬迴內的多巴胺增加時，神經細胞會重新建立連結，幫助人類淡化那些令人不舒服的記憶。**

由於運動能促進多巴胺分泌，也因此具有減輕像是心理創傷那種不愉快記憶的效果。從老鼠實驗可得知，就算只運動1週，也能獲得效果。

另外，**多巴胺同時也有助於保存美好的記憶。**

實驗發現，當老鼠獲得獎賞時，多巴胺會強化與那個經驗有關的記憶。多巴胺不僅會根據過去獲得獎賞的經驗進行「學習」，還會根據對未來獎賞的「預期」，影響當下的行為選擇。

舉例來說，假設有人過去買過好幾次彩券，其中一次中了1萬塊，進而學到一個規則：「大約買幾張彩券，大概就能中多少錢」，下次便會依照這套規則購買彩券。

即便還沒獲得獎賞，光是看到獎賞本身，也會喚起記憶，促進多巴胺的分泌。也就是說，多巴胺會在「還不確定能不能得到，但心中有所期待，並朝著目標行動」時大量分泌。然而，當獎賞到手後，分泌量反而會逐漸減少。

多巴胺也會拓展注意力的範圍，激發好奇心、創造力與靈活思考。多巴胺會在大腦中調節訊號傳遞，提升注意力與專注力。當多巴胺維持在適當的平衡時，人類就能專注於某件事上，有效投入工作或學習。

另外，服用促進多巴胺分泌藥物的巴金森氏症患者，有可能會展現出創作的天分。有些人甚至會開始做一些過去從未做過的事，例如寫詩或作畫等。

由於多巴胺具有增加腦神經連結的作用，大腦中原本未被啟用的區域也可能會因此開始活化。**夢境也與多巴胺的作用有關。**那些跳脫現實規則，異想天開、離奇古怪的夢，是在脫離五感的限制後，由多巴胺所創造出的幻想世界。也因如此，才有無數藝術作品得以誕生。

＊能夠緩解過敏反應

有不少人飽受花粉症、異位性皮膚炎、氣喘等過敏症狀所苦。在感到壓力時，這些過敏症狀往往會更加嚴重，但相反地，若心情愉快、充滿正面情緒，有時也有助於緩解症狀。

日本山梨大學中尾篤人等人在研究中，讓老鼠喝含糖的水，或是給予促使多巴胺分泌的藥物，刺激牠們的大腦分泌多巴胺。接著再人為引發蕁麻疹反應。結果顯示，當多巴胺分泌增加時，老鼠的蕁麻疹症狀會減輕。

換言之，**日常若能保持正向心態，自然提升多巴胺分泌，似乎有助於緩和過敏症狀。**

＊多巴胺過度分泌

由於多巴胺具有讓大腦產生興奮感的作用，當分泌量過多時，人類可能會不由自主地追求刺激與快感。**這種對快感的強烈渴望，長期下來，可能會讓人逐漸成癮，進而產生依賴行為。**

同時，也可能會出現躁症、多動症、強烈性慾、焦慮等症狀。此外，明知毫無意義，仍無法停止的強迫症行為，也與多巴胺過度分泌有關。

據說，多巴胺過度分泌時，可能導致思覺失調症；分泌不足時，則容易引發巴金森氏症。

＊多巴胺的不足

缺乏多巴胺時，可能會引起憂鬱症或巴金森氏症。多巴胺與「行動」息息相關，也因此，人類才會為了獎賞而採取行動。

相反地，多巴胺濃度降低時，行動能力會開始降低，進而出現肌肉痙攣、僵硬等症狀，這些正是巴金森氏症的典型特徵。

在動物實驗中，當習慣壓控制桿領取飼料的老鼠，其大腦中負責產生多巴胺的神經受到破壞後，就不會再主動尋找食物。

由此可知，多巴胺與憂鬱症之間可能也有關聯。

除此之外，多巴胺不足還可能引發性慾低落、幻覺、妄想等症狀。

◎最令人雀躍的體驗

如上所述，多巴胺過多會帶來成癮風險，不足則容易導致憂鬱。那究竟該如何使多巴胺適量分泌，善用其所帶來的正面效果呢？以下將針對這點進行介紹。

＊凡事都能享受其中：讓生活充滿令人雀躍的體驗

人在懷抱有趣的目標時，心情往往也會感到心動、期待。

要想促進多巴胺的分泌，就需要養成**「凡事都能從中找到樂趣」**的習慣。即使是從事日復一日，單調乏味的文書工作，也可以試著為自己訂下小規則，例如「如果能完美（或是在1小時內）達成，休息時間就來喝杯最愛的咖啡」。如此一來，為了獎賞，就會開始抱持期待，帶著興奮的心情，積極地投入眼前的工作。

以下來分享一個我自己的親身經歷。我在大學教授心理學，一堂課長達100分鐘，對坐在底下的學生和在臺上講課的老師來說，都是一場苦戰。如果只是從頭到尾照本宣科地講完這100分鐘，不只我會感到疲憊又厭煩，學生也會逐漸失去耐心，開始打瞌睡，整個課堂氣氛就像是在比誰撐得久一樣，變得既無聊又難熬。

為了打破這種惡性循環，我開始在課程設計添加巧思。我將100分鐘的課程大致劃分為4個段落，每講完一個段落的主題，就請學生自己找出具體例子並進行發表。結果，學生不再昏昏欲睡，大家都很有精神地互相討論，100分鐘的課程轉眼間就結束了。

如此一來，無論是學生還是我，都更願意投入課堂中。即便是同樣的事，只要稍微轉個彎，就能促使多巴胺分泌，體驗到那種令人期待的心動感。

再分享另一個例子。

我每天通勤上班，到大學的時間，單程就要耗費2個半小時。久而久之，開始對通勤感到厭煩，甚至一想到要出門就覺得痛苦。於是我開始想辦法，讓自己享受通勤的過程。

我會事先在電子書上購買大量想看的書，方便一有空就能馬上閱讀；也會確認自己喜歡的廣播節目什麼時候播放，甚至用 Podcast 找過去有趣的節目來聽。

有一陣子我決定挑戰英檢，每天利用通勤時間聽英文會話的APP，還會搭配小測驗。在換車等車的空檔，我會來回上下樓梯，將這段時間當成日常運動的一部分。

比起只是為了打發特定時間，像這樣為了具體的目標來安排通勤時間，例如，考英檢或是把一本書看完等，反而會讓這段時間更加充實又有趣。

*旅行

旅行是促進多巴胺分泌的絕佳方式。

自己決定想去的地點，依照喜好規劃行程，像這樣親手打造的自由行，最能促進多巴胺的分泌。

目的地挑哪裡都可以，只要是自己想去的、能吃到喜歡的食物，或是能體驗到喜歡的事情就沒問題。總之，能參加自己喜歡的活動，或吃到最愛的食物，這樣的地方就很適合作為目的地。在前往目的地的過程中，也可以加入一些個人偏好，例如，搭乘喜歡的列車、選擇喜愛的航班，若時間充裕，不妨也可以試試看搭船旅行。最重要的是，要連過程本身一起享受。

多巴胺會在第一次達成目標的那一刻分泌得最多，請務必好好享受第一次的體驗。因為即使是相同的美食或活動，體驗第二次時，多巴胺的分泌量就會減半。

要怎麼樣才能讓多巴胺在第二次、第三次經歷同一件事時也持續分泌呢？可以嘗試在重複的體驗中加入變化，讓自己逐步接近最終目標。

舉例來說，如果你打算在沖繩享受潛水，第一天與第二天可以安排在不同地點潛水。第一天先選一個「還不錯，但不是最想去的地方」，像這樣一步步接近最想去的地點，將最期待的那一站安排在行程尾聲。這樣的安排，不但能避免多巴胺提前耗盡，還能讓整趟旅程從頭到尾都抱有期待和新鮮感。

＊擬定計畫

你對現在的生活滿意嗎？

大部分的人心中或多或少都還有些想實現、想擁有的事物吧。**若情況允許，不妨試著設定一些需要長期規劃才能達成的目標。**例如，改造房子、考取證照轉職、重返校園讀研究所等。

人天生就是容易安於現狀的動物，往往會抱持著「好麻煩，現在這樣也沒關係吧」的心境。然而，渴望新事物並不是件壞事。為了讓人生更充實，減少遺憾，就算是艱難的目標，也願意努力去完成，這才是過著既興奮又充實的生活不可或缺的心態。要做到這一點，必須逐步地往前邁進。

就算只是「1年內想減掉5公斤」之類的小目標也沒問題。只要開始想像自己完成目標後的樣子，多巴胺就會開始分泌。

達成目標所需要的步驟，大致可分為以下4點：

①評估目前的情況

②接納當下的自己

③明確描繪出理想的樣子

④擬定可行的行動計畫，朝目標邁進

明確規劃每一個步驟，就能大幅提升目標實現的可能性。

＊收藏

有不少人將收藏當作興趣。其實無論收藏的是什麼，**只要持續蒐集，就能有效防止多巴胺枯竭。**

我從小就很喜歡蒐集各種物品，像是棒球選手的照片、郵票、小型汽車模型、N規模型列車（同世代的人應該都知道）等，總之我經常沉迷於蒐集。這類興趣通常沒有明確的終點，愈是蒐集，就愈想擁有更多。

正因為這些收藏通常並不是為了拿來使用，甚至一點也不實用，才會成為「興趣」。這股「還想再多蒐集一點」的慾望，會促使多巴胺持續分泌。

當然，像拼圖這類型的興趣也不錯。這種興趣有明確的完成目標，當放入最後一片拼圖時，腦中會釋放出腦內啡，讓人感受到成就感與幸福感。

不過，這股幸福感並不會永遠持續。過一陣子之後，可能又會開始想要挑戰新的拼圖。

從這個角度來看，收藏與拼圖其實可以說是類似的興趣。兩者的共通點在於，每完成一個小目標就能獲得滿足，並在過程中逐步邁向更大的目標，總是有種受到驅動，不由自主往前推進的感覺。

不過，為了避免成癮，要時不時地回到現實，考量自己的存款狀況，盡量以有計畫的方式進行收藏。這時，前面提到的4個步驟就能派上用場。

◎多巴胺與其他幸福荷爾蒙的關係

①個體周圍空間法則

以下的動作請大家務必跟著做做看。

首先，請往下看，眼前出現什麼呢？可能是桌面、地板或椅子之類吧？接下來請往上看，各位看到什麼？也許會看到天花板，或是從窗戶看見藍天或陽光。

上方與下方的差異，不只是方向不同而已。人類的大腦具備兩種截然不同的功能：一種是用來掌握「自己伸手可及的範圍」，另一種則是負責辨識「距離較遠的環境」。前者稱為「個體周圍空間（Peripersonal Space）」。

在這個空間內的物體，因為就在可以觸及的範圍，甚至會讓人產生與自身一體的錯覺。這個範圍所涵蓋的，就是能夠在「此時此地」掌控的物體。

觸摸眼前的咖啡杯，是只能在「此時此地」體會到的感覺。我們無法感受過去的觸感，也無法預先體驗未來的感覺。放在桌上的咖啡，不只能聞到香氣，入口後還能嘗到苦味、酸味，還能感受到其溫度。像這樣，伸手就能摸到的咖啡，是能透過五感深入品味的對象。

來自「此時此地」的感官體驗，所帶來的幸福感，與腦內啡、血清素與催產素的作用息息相關。

相對地，超出個體周圍空間的物體，即便伸手也無法觸及。距離愈遠就愈難直接掌握，只能透過想像理解。

想像一下，距離5公尺遠的桌子上放著一杯咖啡，既無法享受味道、氣味，也感覺不到溫度，頂多只能用眼睛看。至於味道如何，也僅能憑過去喝咖啡的經驗想像。

接下來是宇宙飛行員正在喝的咖啡。因為看不見，只能憑空想像，不算是「此時此地」的體驗，至少，那杯咖啡並不在「此地」。**主導這種透過想像所進行的抽象心理活動的，正是多巴胺。**

研究發現，多巴胺分泌過多的思覺失調症患者，視覺幻覺常出現在視野上方。這項發現顯示，當多巴胺分泌過多時，視野的上方區域會出現問題。反之，在巴金森氏症的患者（即多巴胺分泌不足的人）比較不會將注意力集中在視野的上方。

也就是說，多巴胺與上方的視覺空間有關，同時也與思考未來的能力息息相關。

②蹺蹺板理論

多巴胺與另外三種幸福荷爾蒙之間，呈現如翹翹板般的關係。多巴胺作用較強、擅長思考未來或抽象概念的人，通常對「此時此刻」的事情沒什麼太大的興趣。

相反地，多巴胺作用較弱的人，其他三種幸福荷爾蒙較為活躍，往往會對「此時此刻」更有興趣，也比較懂得享受生活（圖13）。

例如，多巴胺分泌量較多的人會對「人類」這個概念感興趣，但對眼前的「人」並不太在意。

多巴胺分泌量較低的人則傾向去愛眼前的「人」，對「人類之愛」這種抽象概念則不太感興趣。

圖13　4種幸福荷爾蒙的關係

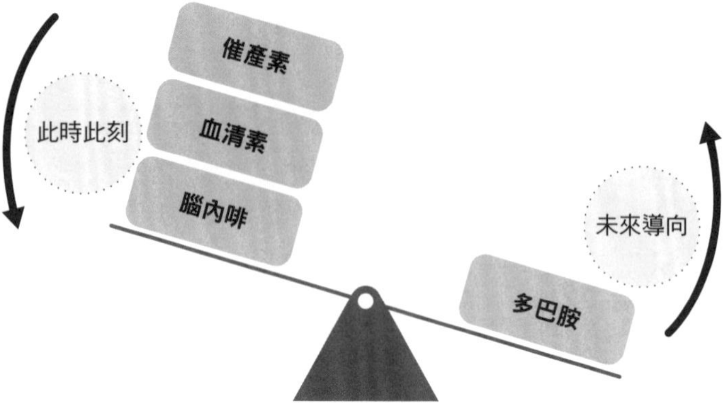

實際研究也發現，虔誠信仰宗教的人，其體內多巴胺含量高於不信教者。這是因為宗教探討的是「天堂」或「人類之愛」等超越個體、抽象且難以觸及的概念。

如先前所述，多巴胺是一種能強力驅使人類行動的荷爾蒙。因此，一旦當體內的多巴胺過度分泌，受到其支配，就可能陷入「即使想停也停不下來」的成癮狀態，甚至連自己也無法踩剎車，這是一種相當危險的情況。

因此，就如同翹翹板一樣，為了不讓自己受到多巴胺的控制，必須維持多巴胺與其他三種荷爾蒙之間的平衡。簡單來說，就是**要把注意力放在「此時此刻」的感受上。**

③超值組合法則

與多巴胺呈翹翹板關係的催產素、腦內啡與血清素，若能多方組合、運用，就能更有效率地延續幸福感。

1 多巴胺與催產素的組合（邊際效用遞減原則）

請試想一下暢飲啤酒時的情境，是不是都會有種第一口格外美味，但喝到第二口、第三口時，滿足感就會逐漸減弱的感覺呢？戀愛關係和婚姻生活，其實也是相同的道理。

我們在願望實現時會感到滿足，然而，若一再重複獲得，每次帶來的滿足感就會一點一點地下降。婚前滿腦子「好想快點見到你」、「想永遠跟你在一起」，那種熱烈、悸動的戀愛關係，從荷爾蒙的角度來看，很遺憾，其實很難持續超過1個月。

之後的關係會慢慢轉變為享受催產素帶來的穩定羈絆。因此，若能在多巴胺大量分泌的當下，同時促進催產素的分泌，即使之後多巴胺分泌減少，催產素仍能持續分泌。

為了達到這個效果，建議增加身體接觸，或是建立一種「待在一起就能感到放鬆安心」的關係。

2 多巴胺與腦內啡的組合

腦內啡會在「吃到眼前的食物」，或是完成某件事後，作為獎賞分泌。相對地，多巴胺具有產生動力的作用，促使人「追求更高、更好的目標」。

了解兩者的特性差異後，就會清楚得知，設計同時兼顧兩者的計畫會更有效率。舉例來說，假設你有一個想完成的遠大目標，但可能要1年後才能達成。要為了1年後的事情每天努力，其實並不是件容易的事。

因此，可以將一整年的計畫進一步拆解，設定為半年後的目標、1個月後的目標、1週後的目標，最後是今天的目標。如此一來，在完成今日這一小步時，就能享受到腦內啡帶來的獎賞。

這種思考方式，對於達成瘦身、考取證照等長期目標相當重要。簡單來說，多巴胺是「未來的滿足」，而腦內啡則是「當下的滿足」。

3 多巴胺與血清素的組合

相對於多巴胺的功能如同油門，驅使人朝目標前進，血清素扮演的是剎車的角色。

接下來要介紹的「成癮傾向」，正是因為多巴胺過度分泌，而血清素的剎車功能未能正常啟動所引起的症狀。對於這類行為，就必須促進血清素分泌，以發揮制衡效果。

在接下來探討多巴胺過度分泌所帶來的負面影響時，請務必牢記這一點。

○成癮機制

多巴胺神經為了獲得快樂會促使人採取行動，只要得到滿足，就會暫停行動。然而，若不斷重複經歷極度的愉悅感，大腦會啟動一種自我調節的機制，減少多巴胺受體的數量，藉此降低快感。結果，由於能帶來快感的多巴胺減少，大腦會為了再次獲得快感，讓人重複該行為，進而促使多巴胺分泌。這就是成癮的機制。

接下來以酒精為例來進行說明。

喜歡喝酒的人很多，但有些人會成癮，有些人不會。

會成癮的人，從一開始就偏好酒精濃度較高的酒類，且會持續飲用烈酒，直到喪失記憶或意識為止。多巴胺帶來的興奮感，會隨著酒精進入大腦的速度而增強。因此，這些人喝酒的目的並不是品嚐風味，而是為了「喝醉」，所以會不斷快速攝取烈酒。

不過，多巴胺帶來的興奮感愈是強烈，當其效果消失時，渴求的欲望也會變得愈加強烈。為了逃避酒醒後那股強烈的渴求感，許多人會選擇持續飲酒，讓自己維持在酒醉狀態。藥物成癮也是相同的道理。

此外，雖然並非所有情況都是如此，但研究顯示，部分肥胖者體內的多巴胺分泌量偏低。雪上加霜的是，他們大腦中的多巴胺受體數量也一般人少。因此，即使吃了喜歡的食物，也難以獲得快感，最後就會陷入過度飲食的惡性循環。從這個角度來看，暴食症等飲食障礙也被認為是成癮的一種。

事實上，透過藥物增加大腦中的多巴胺含量，會出現食慾下降的現象；相反地，若抑制多巴胺的分泌，食慾則會提升。由此可知，飲食行為本身也帶有成癮的一面。

舉個更貼近生活的例子，所謂「讓人上癮的滋味」，也是同樣的道理。

食品化學家伏木亨曾說：

「吃到欲罷不能的行為，其動力來自於『對美味的期待』所引發的多巴胺反應。多巴胺分泌得愈多，上癮的程度就愈嚴重。」

容易讓人上癮的食物大致可分為兩類。

第一類是，食物本身就含有誘發上癮的成分。例如可樂、咖啡中的咖啡因，以及酒精飲料中的乙醇等物質，會直接在大腦的獎賞系統上發揮作用，促進多巴胺的分泌。這些成分會使人更清醒、增加專注力，同時也容易讓人成癮。

第二類是，透過味覺、嗅覺、口感等感官刺激，或在食用後補充葡萄糖與營養，促使腦內啡分泌，帶來強烈快感的食物。

舉例來說，能品嚐到甜味的糖類（巧克力、蛋糕等）、攝取後能夠補充熱量的油脂類（美乃滋與天婦羅、洋芋片等炸物），以及含有辣椒素等刺激性的物質（泡菜、咖哩等），都會促使腦內啡分泌，因此格外容易上癮。

當然，「上癮」本身並不完全是壞事，但若總是追求腦內啡，只偏好特定食物，終究會導致營養失衡，對健康產生不好的影響。

除了那些眾所皆知，能夠帶來強烈快感的事物，例如，藥物、尼古丁、酒精、賭博，其實所有的行為都有成癮的風險，像是購物成癮、戀愛成癮等。

其中有一個例子是「責罵」這一行為，在正式定義上並不屬於疾病，但其本身也可能會上癮。

「責罵」能讓對方照自己的意思行動，而且對方如果低頭道歉，責罵的一方還會因此獲得快感。

久而久之，如果對「責罵→讓對方服從→獲得掌控感」這一過程產生愉悅感，就有可能對該行為上癮。

當此行為惡化時，人就會開始挑剔各種小事，藉由責罵來使對方服從，進而愈來愈難以收手。

這也是導致虐待的原因之一。

＊遊戲成癮

遊戲真的很好玩，我自己也經常與家人、孩子一起享受各種遊戲。事實上，遊戲就是經過巧妙設計，能夠不斷刺激多巴胺分泌的產物。

無論是角色扮演遊戲，還是大富翁類型的遊戲，玩家都能透過蒐集點數讓自己變得更強，或是與他人競爭，藉由獲得腦內啡帶來的獎賞來享受其中的樂趣。

最近的動作型遊戲也愈來愈逼真與精緻，還可以模擬人類的動作。有些人甚至會陷入「自己就像是遊戲中角色」的錯覺，分不清自己與遊戲角色之間的界線。若一個人過度沉迷於遊戲世界，開始以虛擬世界為優先時，就會陷入相當危險的情況。

如今因多巴胺過度分泌，導致遊戲成癮的人也層出不窮。

本書並不推薦以遊戲來刺激幸福荷爾蒙的分泌，不過，像派對遊戲這類能讓多人一同享樂的遊戲，由於還能同時促進催產素的分泌，有助於維持蹺蹺板的平衡，我個人覺得是個不錯的選擇。

那類型的遊戲，無論輸贏都會在短時間內結束。即使一時因多巴胺而沉浸於虛擬世界，但同時分泌的腦內啡與催產素，會讓人對現實的感受更為清晰。

我認為，玩遊戲時能否維持平衡，關鍵在於是否仍保有「我正在玩遊戲」這種「此時此刻」的身體感受。

然而，如果是在線上與他人對戰的遊戲，雖然會刺激多巴胺分泌，卻無法促進催產素分泌，而更容易提高成癮的風險。

根據在日本率先開設成癮專門門診的久里濱醫療中心名譽院長樋口進的說法，前來就診的病患中，有9成是遊戲成癮者，其中大多對網路遊戲上癮，且經常與他人在線上一起遊玩。

據推測，之所以會讓人一再沉迷，可能與網路遊戲中常見的「夥伴關係」或「全球排行榜」等具吸引力的要素有關。

印尼精神醫學家瑪麗亞塔瑪等人的研究結果指出，沉迷線上遊戲的年輕人，其大腦狀態與藥物成癮者極為相似。

正如先前所提到的，當大量的多巴胺持續分泌時，大腦會為了降低快感強度並維持平衡，使多巴胺受體的敏感度下降。因此，人會更加渴望多巴胺，進而受到驅使持續玩遊戲。但愈玩，多巴胺的分泌量就愈多，導致產能跟不上，最終連負責製造多巴胺的神經也開始出問題，導致分泌量逐漸減少。

到了最後，不只是多巴胺的分泌，連接收多巴胺的能力也會下降，讓人無法感受到動力與幸福感，進而陷入憂鬱的狀態。

根據先前的研究，遊戲成癮的患者曾表示，其實在玩遊戲時，已經對原本喜歡的嗜好與娛樂活動失去興趣。同時，也會忽略疲勞、飢餓與口渴等身體感受。

這明顯是受到多巴胺的影響，內在的蹺蹺板失去平衡，整個人沉迷於名為「遊戲」的虛擬世界。

那要怎麼做才能擺脫這種成癮狀態呢？

◯如何擺脫成癮症狀

多巴胺與血清素是具有相反作用的兩種物質。

多巴胺會在人飢餓時驅使他們接近、取得食物，血清素則會在吃飽之後發揮作用，讓人停止動作，冷靜下來。

所謂的成癮，是指一種彷彿為了填補孤獨感或內心空洞，對特定行為產生依賴的狀態。因此，**增加血清素，對這些行為踩下剎車，同時填補內心的空缺，才是解決之道。**

日本國立精神・神經醫療研究中心的松本俊彥指出，成癮者的共通特徵之一是，一旦成癮對象在他們心中的「重要事物排行榜」上排名第一，就會大幅提高成癮的風險。

當成癮對象凌駕於家人或所愛之人之上，便代表體內多巴胺分泌過度，導致認知與判斷產生偏差。

遇到這種情況該怎麼辦才好呢？

根據本書第61頁所介紹的蹺蹺板法則，只要提升與「此時此刻」有關的三種荷爾蒙，就能有效遏止多巴胺的失控。

美國精神醫學家麥克雷等人的研究顯示，大麻成癮患者在服用人工合成的催產素後，患者「想吸大麻」的慾望明顯下降。

成癮者會渴望使用藥物，是因為壓力成為引爆點。只要增加具有舒緩壓力作用的催產素，就能降低那股慾望。海洛因與古柯鹼成癮者也獲得了同樣的效果。

除了增加催產素之外，有關如何提升「此時此刻」的三種荷爾蒙，請參考本書中各章節的說明。另外，第7章中所介紹的運動與正念（mindfulness），目前已有研究實證其對治療成癮具有明確的效果。

請試著找到適合自己、能夠持之以恆的方法，並將之融入日常生活中。

◎不說他人壞話

相信大家身邊總會有那種喜歡說人壞話的人。

其實這樣的人，往往內心覺得自己不如他人，會因嫉妒而口出惡言。換句話說，他們的自我肯定感通常較低。

更可怕的是，**說壞話也被視為一種成癮行為。**

這是因為，當說出他人壞話的瞬間，大腦會短暫分泌多巴胺，讓人一時覺得心情愉悅。然而，多巴胺的可怕之處就在於「它會讓人逐漸習慣」。換句話說，必須說出更惡劣的話，才能再次刺激多巴胺的分泌。

結果，人就會對說壞話這件事上癮，日復一日不斷重複，愈說愈過火。

說他人壞話真的能夠宣洩壓力嗎？答案是否定的。其實在說壞話的當下，人體的壓力荷爾蒙「皮質醇（Cortisol）」濃度也會隨之上升。

說人壞話不但無法減壓，反而會增加壓力、傷害大腦，甚至還有縮短壽命的風險。

根據東芬蘭大學的研究，**習慣說些諷刺的話或批評他人的人，罹患失智症的風險是一般人的3倍，死亡率也高出1.4倍。**此外，**目前也已經得知，平時容易發怒的人，罹患失智症的風險也明顯較高。**

除了說壞話之外，與其性質相近的行為還包括欺負與虐待。這類行為的本質，都是經由傷害比自己弱小的人、讓對方屈服，以確認自己居於優勢。

這樣的行為，除了會促使多巴胺分泌外，也會刺激血清素的分泌。因為血清素正是在「凌駕於他人之上」的情境下分泌。一旦嚐過來自血清素的優越感，或是多巴胺帶來的快感，這類行為就會變本加厲，愈來愈難以停手。

會欺負、虐待，或喜歡說他人壞話的人，很可能本來體內的血清素濃度就比較低。通常這類型的人在成長過程中，缺乏來自養育者正面肯定的經驗，因此無法從打從心底認同自己。

為了快速獲得「我比他人優秀」的感覺，他們會去尋找能讓自己貶低的對象，藉由踐踏他人來增加血清素。這就是血清素的暗黑面。

那該怎麼做才好呢？

推薦的方法是，透過提升自我肯定感的「自我疼惜」（self-compassion，也就是關懷自己的態度）來進行調整。

可以參考第8章〈調整工作與生活的平衡〉中所介紹的「自我觸碰」，藉此幫助自己提升自我肯定感與自愛的心態。

【第 3 章】

催產素強化人與人之間的羈絆

○稱為「擁抱荷爾蒙」的原因

催產素由一位英國腦科學家在一九〇六年發現，又稱為「擁抱荷爾蒙」或「愛的荷爾蒙」。

為什麼稱為「擁抱荷爾蒙」呢？因為**當催產素在大腦中分泌時，會讓人更願意信任他人，或是建立親密的人際關係。**

催產素是一種由9個胺基酸組成的胜肽（由多個胺基酸連結而成），由位於大腦下視丘中的室旁核神經元所製造。接著從延伸到腦下垂體後葉的神經元末端，以荷爾蒙的形式釋放到血液中，進而與全身的催產素受體結合並發揮作用（**圖14**）。

另一方面，由室旁核所製造的催產素，也會傳送到大腦的其他區域，對人的心理狀態帶來各種影響。

催產素最初的功能，是在分娩時促使子宮收縮。同時，也會在胎兒的大腦中分泌，幫助緩解出生時所帶來的痛苦與不適。接著，逐漸發展出另一項功能：促進尚未發育成熟的嬰兒與母親之間建立特殊的羈絆，進而強化依附行為。

然而，光靠母親一人，實在難以養育尚在發育的嬰兒。為了確保嬰兒能夠順利長大，母親會與

圖14　下視丘製造的催產素，經由兩條路徑傳送至大腦與身體

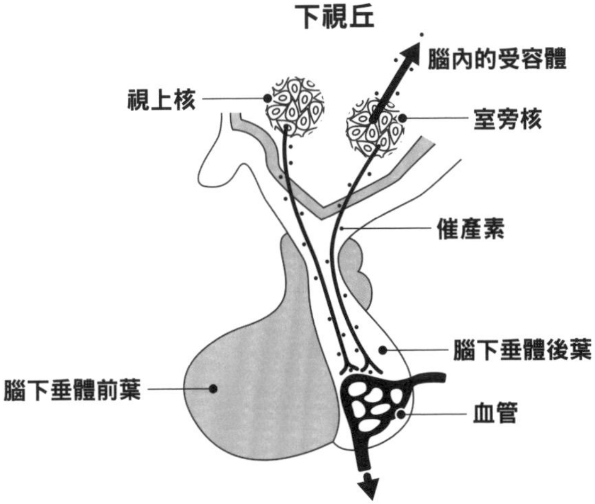

作為伴侶的父親建立親密關係，讓對方一同參與育兒。正是在這樣的背景下，催產素進一步發展出幫助建立信任關係，以及透過親密互動獲得愉悅感的作用。

催產素就這樣在人體中發揮出各種不同的效果。

○催產素在人生不同階段的重要作用

催產素在人生的各個階段，扮演著關鍵角色。

如圖15所示，催產素在分娩時的分泌量會大幅上升，促使子宮強烈收縮，幫助胎兒出生，也會透過「射乳反射」促進母乳分泌。對剛出生的嬰兒來說，則是有助於穩定親子之間

圖15　在人生各階段中，催產素所扮演的角色

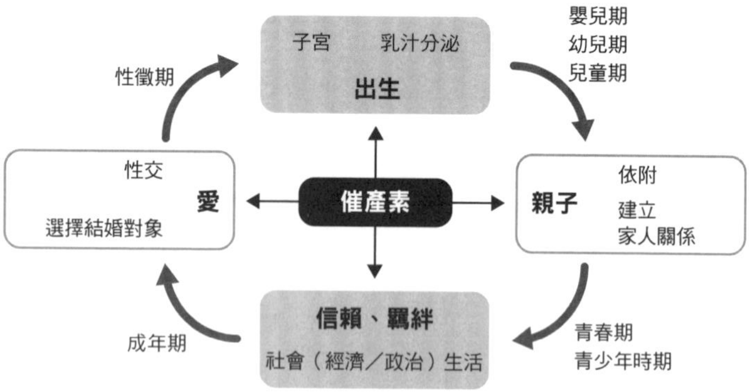

（資料來源：東田陽博，《社会的記憶と自閉症 末梢オキシトシン投与による症状改善とCD38の一塩基置換》，2013）

的依附關係。

如果在這個階段催產素分泌不足，不但會讓親子之間的依附關係變得不穩定，往後與朋友、戀人之間的互動也可能會受到影響。此外，進入青春期・青少年時期後，催產素有助於建立親密的友誼關係、提升對他人的信任與同理心，並強化利他的情感。

正因為催產素這些作用，人類才能建立互信互助的社會。成年後，催產素也與伴侶的選擇、愛情帶來的親密連結，以及提升精子與卵子的活性有關，進而增加懷孕的機率。對於正在備孕的人來說，是相當關鍵的荷爾蒙。

進入更年期後，**催產素具有預防骨質疏**

圖16　因為壓力活化的HPA軸

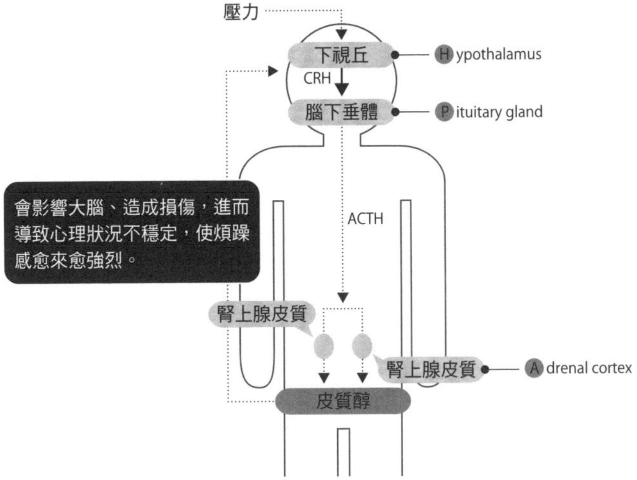

鬆、協助抑制體內脂肪囤積的功能。而在高齡階段，儘管皮膚容易乾裂，**催產素仍能增強皮膚屏障功能，幫助保溼，預防肌膚乾燥。**

催產素甚至還能緩解失智症相關行為與心理症狀，像是遊走行為或攻擊性言語等反應。

如上所述，催產素在人生每個階段都扮演著不可或缺的角色。其作用讓人覺得不可思議，是一種極其重要的荷爾蒙。

○緩解壓力的效果

催產素的重要功能之一是緩解壓力。

首先，請參考圖16，了解人在感受到壓力時，身體會出現哪些變化。

當大腦感受到壓力時，下視丘會分泌促腎上腺皮質素釋素（CRH），進一步促使腦下垂體前葉分泌促腎上腺皮質激素（ACTH）。促腎上腺皮質激素進入血液後，會刺激腎上腺皮質，使其分泌皮質醇。

皮質醇是調節壓力的重要荷爾蒙，相關內容可參見第178頁。不過，若長期持續分泌，反而會對身體各部位造成不良影響。

「下視丘——腦下垂體——腎上腺」這一連串的作用簡稱為HPA軸。

催產素與HPA軸之間有什麼關聯呢？催產素具有抑制HPA軸壓力反應的作用。這是因為分泌促腎上腺皮質素釋素的下視丘室旁核中，也有產生催產素的細胞。

換句話說，當人感受到壓力時，會同時分泌催產素，不但能調節HPA軸的壓力反應，也能建立人與人之間的信任關係，引導人們攜手面對危機，彼此互助。

○催產素帶來的幸福感

圖17是我針對300位大學生進行的調查結果。調查的問題是：「在什麼樣的情境下，你會因為安

圖17　會因為安心地與人產生羈絆而感到幸福的時刻

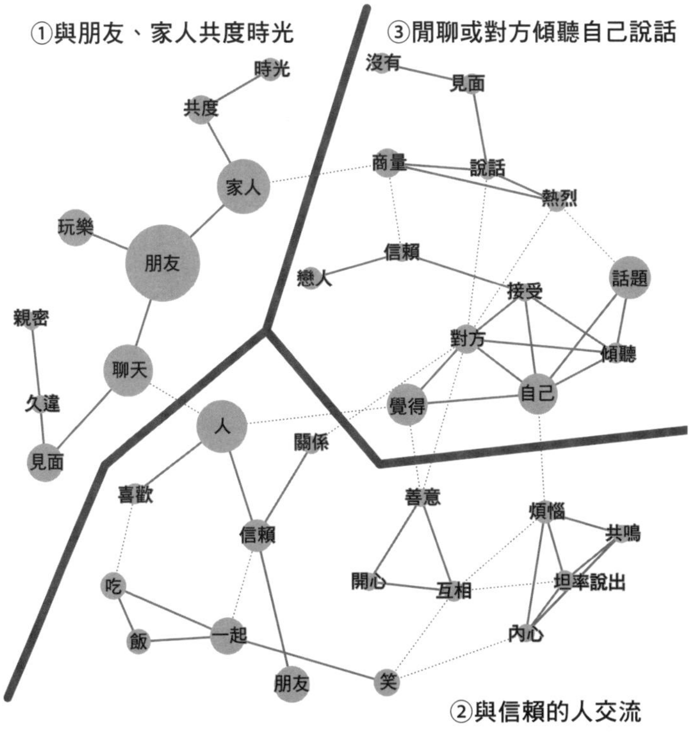

圓圈的大小代表詞語的出現頻率，圓圈愈大，表示有愈多人寫下該詞語。線條則表示詞語之間的關聯，線條愈粗，代表關聯性愈強。

（資料來源：山口創研究室）

心地與人產生羈絆而感到幸福？」從這些回答中，可以看出催產素通常會在何種時刻分泌。

最多人提到的答案如下：

①和「朋友」「聊天」、「見面」，或是與「家人」「共度」時光。

②還有像是和可以「信任」的「人」或「朋友」之間的關係、「一起」「吃飯」、「一起」「歡笑」等共同參與活動的情境。

③也有人提到「傾聽」「對方」說話、「接納」對方想法這類交流。

可以看出，當人們和值得信任的親朋好友分享情緒、聊天、吃飯，以及互相理解時，會感受到彼此的羈絆，進而產生幸福感。

○簡單提升催產素的方法

要怎麼樣才能自行提升催產素呢？以下就來介紹幾個方法。

＊志工活動

美國行為經濟學家扎克（Zak）等人的研究團隊曾使用鼻噴劑，讓受試者吸入合成催產素，再透過一項用來測量信任程度的「遊戲」，觀察他們會如何分配手上的金錢給其他人。

結果發現，比起沒有吸入催產素的人，吸入的人分給其他人的金額，多了將近8成。**在催產素的作用下，利他的行為會增加。**

如果催產素真的與利他行為有關，由此可以推論，愈常做出利他行為的人，愈有可能在催產素的作用下舒緩壓力，進而維持身體健康。

針對這一點，美國心理學家波林（Pauline）等人，首先試著分析受試者的催產素受體基因類型。

催產素的受體大致分成兩種：一種能夠輕易接受催產素的類型，另一種則是不太能有效接受催產素的類型。

接著，研究團隊在2年內對這些受試者進行後續調查，詢問他們這段期間參與志工活動的情況，同時評估其健康狀態。結果顯示，**擁有能夠有效接受催產素基因的人，比較不容易生病**（圖18）。積極參與志工活動的人，也同樣較不容易生病（圖19）。

從這項結果可以推論，積極參與志工活動能促進催產素分泌，進而緩和壓力，有助於維持身體健康。

圖18　有效接受催產素的人較不易生病

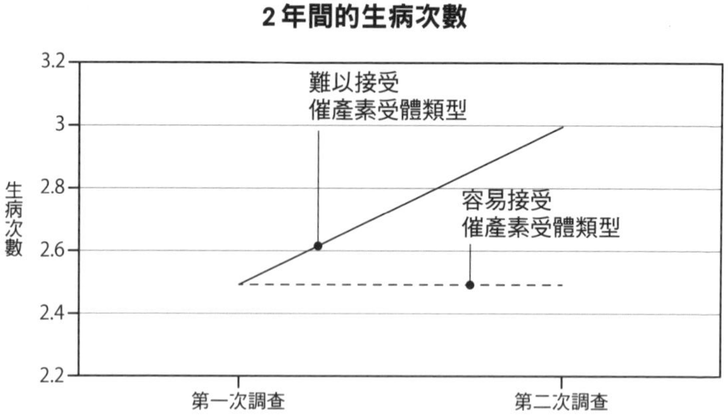

（資料來源：Poulin,M.J., 2014）

圖19　積極參與志工活動的人較不易生病

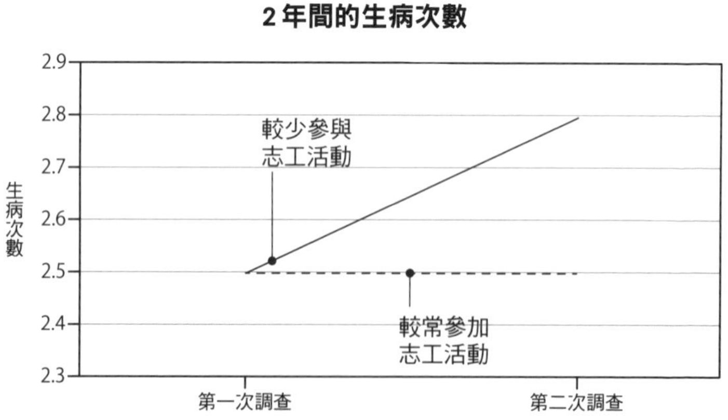

（資料來源：Poulin,M.J., 2014）

志工活動同時也會促進多巴胺分泌，這是因為我們獲得了他人的肯定或感謝等「社會獎勵」。

生理學研究所的定藤規弘等人曾進行過一項實驗，測量人類大腦在網路上進行捐款時的活動情況。實驗結果顯示，在「他人看到」的情況下進行捐款時，大腦的紋狀體（請參照**圖10**）會格外活躍；但如果是在「沒人看到」的情況下捐款，紋狀體的活動則沒有明顯變化。

也就是說，在知道自己能獲得社會獎勵時，會期待那份肯定，也較能忍受失去金錢的痛苦；相反地，在清楚不會獲得社會獎勵時，自然難以承受這份損失，也就不會進行捐款。

＊飼養寵物

COVID-19疫情期間，長期的「在家生活」導致飼養寵物的需求大幅上升。為了尋求慰藉、減輕焦慮與壓力，愈來愈多的人選擇與寵物一起生活。

過去的研究也發現，**養狗不僅能減輕壓力，還能促進人與狗雙方的催產素分泌。**

瑞典動物學家哈德林等人的團隊在進行問卷調查與實驗後，證實狗與飼主的催產素濃度有著密切的關聯性。

會出現這樣的結果，是因為催產素濃度較高的飼主，通常會更頻繁地與狗互動或親吻牠們，狗的催產素濃度自然也會隨之上升。相反地，如果飼主將飼養寵物視為一種負擔，狗的催產素濃度就會下降，同時，壓力荷爾蒙皮質醇的濃度則會升高。

這個結果同樣適用於治療與育兒。

即便知道「肢體接觸很重要」，但若是在缺乏表情、情感疏離的狀況下，冷冰冰地碰觸孩子或個案，雙方的催產素絕對不會上升。想要有效分泌催產素，關鍵在於觸碰之前的階段：必須先充分交流，確保彼此的安心與安全感，營造出一個可以放鬆的環境。

在具備這些前提條件後，肢體接觸才能有效促進催產素分泌。

＊芳香療法

芳香的香氣也能促進催產素分泌。

其中最具代表性的就是薰衣草。**聞到薰衣草的香氣，會讓人更容易對他人產生信任感。**

不過，光是聞薰衣草的味道，真的就能促進催產素分泌嗎？

曾經有人做過一項老鼠實驗：研究人員取出老鼠大腦中負責產生催產素的神經，並將薰衣草精油直接滴在神經上。結果發現，這些神經明顯更加活躍。

之所以會有這種效果，是因為薰衣草精油中的成分「芳樟醇（Linalool）」與乙酸芳樟酯（Linalyl acetate）具有活化催產素神經的作用。

除了薰衣草，像是快樂鼠尾草精油、橙花、法國素馨、羅馬洋甘菊、印度檀香等香氣，也都已經得到證實，能夠促進催產素分泌。

這項實驗結果顯示，「聞起來是否舒服」並不是催產素分泌的必要條件。不管個人喜好如何、香味是否讓人放鬆，也不論過去的經驗，只要含有薰衣草成分的藥理作用，就可以促進催產素分泌。

如上所述，薰衣草精油促進催產素分泌這一點，目前已經非常明確。因此，陸陸續續地也在薰衣草身上發現愈來愈多與催產素有關的作用。

例如，**有研究讓受試者連續聞薰衣草香氣20分鐘，結果顯示他們的憂鬱與焦慮症狀都明顯降低**。這是因為當催產素分泌時，會同時活化血清素神經，進一步提升大腦中的血清素濃度。研究也認為，這樣的變化正是催產素增加所帶來的效果。

此外，在研究中還同時測量了受試者的血壓與壓力荷爾蒙皮質醇的濃度，發現這些指標在聞到薰衣草香氣後皆呈現下降趨勢。

這類對身體產生的影響，其實也是催產素的作用。因為催產素能減緩壓力對身體的影響（HPA軸），幫助降低血壓，同時減少壓力荷爾蒙的分泌。

＊吃甜食

味覺也會促進催產素分泌，當催產素分泌時，會產生降低食慾的效果。因此，人在感到壓力時，會想吃甜點等甜食，實際吃下去後便會感到幸福，進而舒緩壓力。催產素的分泌還能讓人更早感受到飽足感，因此也能預防因壓力導致的暴飲暴食。

我與卡樂比股份有限公司合作進行的研究，也驗證了這一點（圖20）。在該研究中，受試者分別食用了包含富果樂水果麥片®在內的4種早餐（白飯、麵包、燕麥片），並測量食用前後唾液中所含的催產素濃度。結果發現，食用水果麥片時，催產素的分泌量明顯高於其他食物。

至於為什麼吃水果麥片會促進催產素分泌，推測可能與其適度的甜味與烘焙香氣這兩項因素有關。

換句話說，催產素分泌後，人就會感受到幸福，同時也會減緩食慾，進而自然而然地避免攝取

圖20 不同測試餐點食用前後的催產素變化量

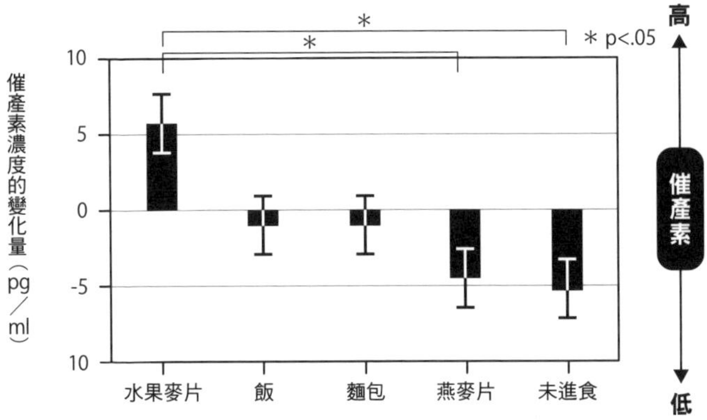

（資料來源：山口創與卡樂比份股份有限公司）

過量的食物。

＊聽音樂與唱歌

德國心理學家沃爾夫（Wolf）等人，曾針對156位懷孕中的女性，研究「唱歌」對母親與胎兒之間情感羈絆的影響，以及對孕婦壓力的變化。

研究團隊將受試者隨機分成兩組，其中一組另外安排了唱歌課，另一組則作為對照組，單純學習產前照護相關知識。實驗結果顯示，參加唱歌課的孕婦體內的催產素濃度有所增加，與胎兒的連結也更加緊密，且孕期中的壓力也有所減輕。

從孩子出生前就開始進行這樣的行為，有

助於強化孩子出生後的母子羈絆，還有望發揮預防虐待的效果。

此外，音樂不只是「聽」而已，「唱」也會帶來身體上的變化，並促進催產素分泌。此時，若能同時刺激其他感官，效果會更加顯著。

舉例來說，不妨試著在洗完澡後，坐在舒適的沙發上，一邊聽著放鬆的音樂或輕聲哼唱，一邊保養肌膚，或搭配香氛精油按摩。這樣的組合無疑能讓催產素發揮最大的效果。

◯推薦應援活動

有了「應援的對象」後，對身心會帶來什麼樣的影響呢？

過去人們常說，「女人一談戀愛就會變漂亮」。這是因為心動的感覺能促進女性荷爾蒙（雌激素）的分泌。

當內心產生悸動時，腦中的多巴胺會增加，讓「好想得到」的渴望更強烈。這時也會促使催產素分泌，讓人產生「想拉近距離」、「想靠近對方」的情感。

當整個大腦充滿幸福荷爾蒙時，女性荷爾蒙的分泌也會隨之提升。換句話說，變漂亮並不是因為戀愛本身，而是因為心動讓人看起來更有精神、更顯年輕。

「應援活動」也有相同的效果，而且比起自己一個人默默進行，和志同道合的夥伴們一起交流、參與，更能感受到其中的樂趣。

有著相同的應援對象，更能理解彼此的心情，話題也會更加熱絡。催產素與血清素都具有強化情感連結的作用。在這樣的交流下，一旦建立起羈絆，未來若遇到困難，也能發展出互相幫助的關係。

這些行為，正是促進催產素分泌的絕佳機會。

尤其推薦熟齡世代參與應援活動。

隨著年齡增長，熟齡族群常會面臨體力下滑、罹病或受傷的情況，也愈來愈不愛出門。再加上孩子已經獨立，這個人生階段更容易感到孤單。而孤獨感會提升體內的壓力荷爾蒙皮質醇的濃度，進一步對健康造成負面影響。

正因如此，這個年齡層更應該透過應援活動，重新喚起內心的悸動，有助於維持與促進身心健康。針對熟齡族群的應援活動，特別推薦以下4種：

①和朋友一起參與
②體驗比物質更有價值
③具有志工性質（利他元素）
④參加聖地巡禮或旅行活動

最應該避免的，是讓自己陷入類似成癮的行為模式。之所以會成癮，是因為體內的多巴胺過度活躍。如果發現自己出現「腦中都是偶像的事」、「根本沒辦法專心處理日常生活」等症狀，就要提高警覺。

遇到這種情況該怎麼辦呢？成癮是一種過度依賴某些行為、用以填補孤獨感或內心空虛的狀態。因此，關鍵在於提升血清素的分泌，幫助自己踩剎車，轉而去做一些真正能撫慰內心空缺的事情。

建議可以自問自答，例如：「得到了之後，我真的會幸福嗎？」、「我現在追求的是『擁有』，還是單純為了『購買』本身？」。

○肢體接觸帶來的催產素效應

＊與嬰兒的身體接觸

近年的研究發現，只要讓剛出生的嬰兒接收到舒適的觸覺刺激，就能同時促進催產素的分泌與受體的活性，甚至會對他們成年後的親密互動產生影響。

一項猴子實驗的結果顯示，在孩童時期缺乏與雙親身體接觸的猴寶寶，長大後會無法正常進行交配行為。交配行為本身就是一種需要一對一親密接觸的行為。另外，也有研究指出，出生後立刻接受袋鼠式照護（將新生兒抱在胸前）的嬰兒，其體內的催產素濃度明顯高於未接受此照護的嬰兒。

不過，如果孩子在成長過程中曾承受虐待等巨大壓力，其影響可能會延續到未來。

COVID-19疫情期間，無疑是一段壓力極大的時光。不僅無法外出用餐、不能旅行，連跨縣市移動都受到限制，導致與親朋好友見面的機會大幅減少。

在這樣的壓力下，我與研究團隊進行的一項研究，得出了一些相當引人注目的結果。例如，孩童時期曾經歷虐待等創傷經驗的人，和沒有這些經驗的人相比，幸福感普遍較低，也更容易陷入憂鬱情緒，同時，體內的催產素與血清素分泌量也會減少。因此，一般認為，若在成長期間曾遭遇嚴重創傷，長時間下來會較為脆弱，對壓力與情緒的反應也可能更強烈。

即便如此，也不必過度擔心。因為**催產素神經（製造催產素的神經細胞）是可以修復的。**即便已經長大成人，只要能和親近的人建立穩定的信賴關係，催產素神經仍有機會恢復正常，讓人重新感受到催產素所帶來的正面影響。

＊對育兒的影響

我們嘗試讓小狗接近母狗，正在哺乳期或剛分娩的母狗，會主動靠近小狗。但若是從未生產過的母狗，第一次面對小狗時，往往會表現出回避反應，甚至出現攻擊傾向。

目前已知，這類行為的背後有一套神經系統在運作，其中，多巴胺與催產素扮演著關鍵角色。當母狗幫小狗理毛或舔拭，或在分離後與小狗重逢時，體內會分泌多巴胺。這可能代表母狗感到開心，也渴望有更多互動。實際上，體內多巴胺濃度較高的母狗，確實會花更多時間照顧小狗。

在人類的研究中也發現，當母親聽到嬰兒哭聲時，大腦中的顳葉與杏仁核（位於顳葉深處的神經細胞）會活化，代表母親可能正感到焦躁，或產生負面情緒。但若從鼻腔噴入人工催產素，杏仁核的活性就會下降。

聽到嬰兒哭聲時產生的焦躁或負面情緒，會因催產素的作用逐漸緩和。

但另一方面，在特定情境下，催產素也可能增強攻擊性。

例如，母鼠會主動攻擊靠近幼鼠的入侵者，這是為了保護孩子免受外敵威脅，據說，這類攻擊行為會在哺乳期間達到高峰。催產素正是在母親進行「防禦性攻擊」時大量分泌，因此有些人認為催產素可能是加強這種行為的關鍵因素。

當然，這並不代表催產素會讓人對任何人都具攻擊性，因此在理解這個現象時，必須特別留意，避免產生誤解。

此外，催產素也會促使我們蒐集與互動對象有關的資訊。例如，服用催產素後，會特別注意對方的臉部，尤其是眼睛周圍，試圖從中解讀對方的情緒。

正如俗話說的「眼睛是心靈之窗」，當我們將注意力集中在對方的眼睛上時，對其情緒的理解也會更加敏銳。透過觀察眼神所釋放的線索，我們能更準確地推測對方的想法，也能更深入地理解對方的感受。

此外，催產素還會強化對「快樂表情」的記憶，比起生氣或毫無表情的臉，我們更容易記住開心的模樣。也就是說，**當母親抱著孩子，親子雙方的催產素同時上升時，母親就能長時間記得孩子臉上幸福洋溢的笑容。**

正因為父母的腦海中仍然記得孩子幸福的笑容，當育兒過程中遇到挫折，或是孩子進入青春期後說出傷人的話時，他們才能夠撐過這些艱難的時刻，抱持著將孩子養育長大的心情。

＊撫觸照顧法（Touch Care）

掛川市的「親子肢體接觸推廣計畫」，是我從二〇一七年起，在日本靜岡縣掛川市，針對當地托兒所的孩子展開為期三年的實證研究。當時，掛川市市長以「打造日本最有愛的親子城市」為口號，著手推動提升親子肢體接觸頻率的相關施政，我則擔任此研究的監修顧問。

首先，我們在掛川市內選定兩間托兒所，其中一所命名為「肢體接觸園」，進行為期3個月的實驗。在這段期間，鼓勵家庭增加親子互動時的身體接觸，同時在每日活動中，也安排老師與孩子有更多肢體接觸。園方則以日本傳統的互動遊戲為基礎，設計出多種結合身體接觸的遊戲活動。

另一所托兒所則作為對照組的「比較園」，沒有特別增加任何肢體接觸的活動，照原本的教學

圖21　掛川市「親子肢體接觸推廣計畫」宣導手冊

掛川市官方網站：https://www.city.kakegawa.shizuoka.jp/kakekko/docs/303796.html

內容進行日常活動。接著，研究團隊從兩間托兒所各挑選一位孩子，採集其唾液樣本來測量催產素濃度，並請家長協助填寫問卷，透過心理量表評估親子依附關係與孩子的社會性發展。

實驗結果顯示，「肢體接觸園」的孩子體內催產素濃度明顯上升。同時，他們的社會性有所提升，與父母之間的情緒連結（依附關係）也呈現更穩定的趨勢。

這樣的成效，在原本社會性或依附狀態相對較弱的孩子身上，尤其明顯。

從這項研究得出的結論是，「撫觸照顧法」並不僅限於應用在早產兒的照護問題上。即使是足月出生的孩子，若在後續的養育過程中缺乏足夠的肢體接觸，不僅可能造成神經層面的變化，也會因催產素濃度下降，進一步影響依附關係的穩定，甚至出現心理或行為上的問題。

掛川市製作了如圖21所示的宣導手冊，發放給正在育兒的家庭，積極推廣親子之間的肢體接觸。在掛川市的官方網站上，也可以免費下載這本手冊，歡迎大家多加參考。

＊與喜歡的人之間的肢體接觸

請試著回想青春期時的自己。

當時或許還沒正式交往，但彼此已有好感，感情正逐漸升溫，光是想到對方，就會小鹿亂撞、內心悸動不已——就像漫畫裡角色眼睛變成愛心的模樣。這種感覺，其實就是多巴胺的作用。

不過，多巴胺的作用會受到性荷爾蒙的影響，因此男女在行為表現上會稍有不同。男性通常會產生強烈的占有慾，衝動地想將對方「據為己有」；女性則傾向從分享中獲得喜悅，例如，將交往對象介紹給朋友認識，或與朋友一起安排約會活動。

這樣的差異，正如之後第6章會提到的，來自於荷爾蒙的不同作用。

男性荷爾蒙睪固酮會促使人做出利己的行動，追求個人滿足；女性荷爾蒙雌激素則會促使人採取利他行動，追求他人的快樂。

等到發展成男女關係，也就是發生性行為之後，原本因「想占有對方」而高漲的多巴胺，會因目的達成而降低，取而代之的是催產素上升，進一步強化如依附般的羈絆關係。

此外，催產素在女性身上的作用更為強烈，因此更容易對另一方產生執著。不過，由於雌激素的分泌也會增加，女性往往會傾向將自己的戀愛狀況與朋友分享，並從中獲得喜悅。

相較之下，對男性來說，性行為會讓體內的催產素與睪固酮同時上升，但問題在於，睪固酮與催產素的效果會互相抵銷，結果導致男性較難理解或共鳴對方的情緒，反而更傾向追求自我滿足，支配性與攻擊性也可能隨之升高。若這樣的傾向過度發展，甚至可能演變成跟蹤狂般的行為。

不過，只要催產素的作用超過睪固酮的影響，情況就不至於失控。

接下來介紹兩項研究。

首先是德國精神醫學家舍勒等人進行的一項研究。從這項研究中可知，體內催產素濃度較高的已婚男性，會主動與具有吸引力的女性保持距離。換句話說，催產素濃度愈高，與伴侶之間的羈絆就愈穩固，因此會下意識地避免與其他女性過於接近。

換言之，**催產素是預防出軌的最佳良方。**

只要體內催產素充足，即使夫妻發生爭執，也不至於釀成嚴重問題。

在荷蘭心理學家柯茲費爾特等人的研究中，首先請夫妻選出一個雙方意見分歧的話題，例如家庭財務或孩子的教育，並針對該議題進行討論。過程中，觀察他們的眼神交流等互動行為。

接著，將受試者分為兩組：一組吸入人工合成的催產素，另一組則吸入無任何作用的生理食鹽水。結果顯示，吸入催產素的夫妻，即使在面對立場不同的議題時，仍會主動進行肢體接觸等親密互動，進而有效避免爭吵升級為激烈衝突。

催產素的作用不像睪固酮那麼強烈，影響較為溫和。因此，一旦睪固酮分泌過多，就會抵銷催產素的效果。

尤其是男性體內的睪固酮，其作用相當強大。所謂「男子氣概」的行為與性格，正是由睪固酮所主導，因此女性往往會被這類男性所吸引。

話雖如此，若男性的控制慾過強，甚至表現出攻擊性時，便可透過肢體接觸等方式促進催產素分泌，藉此適度緩和過度強勢的傾向。

圖22　雌鼠的交配姿勢

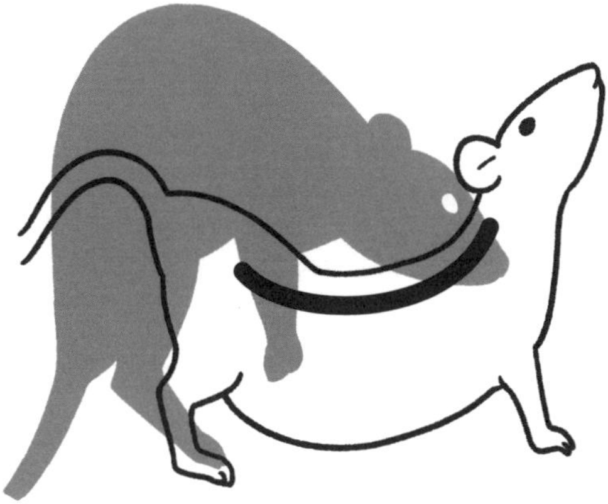

＊性行為

催產素、多巴胺，以及睪固酮，是性行為中不可或缺的三種關鍵荷爾蒙。睪固酮與多巴胺的作用會產生加成效果，不只提升性慾，也會增強從性行為中獲得的獎賞感。

多巴胺會讓人渴望透過性行為獲得快樂，進而更積極地投入其中。睪固酮則進一步刺激性慾，彷彿在火上澆油般使慾望高漲。

然而，若只有這兩種荷爾蒙，可能就會出現「只要能滿足性慾，對象是誰都無所謂」這種以自我為導向的性行為傾向。但只要加入催產素，就會產生轉變，讓人只想與特定對象進行一對一的性行為。

此外，催產素也會讓男女雙方對於性行為更加積極。

催產素與多巴胺在男性體內會促使陰莖勃起。在老鼠實驗中發現，只要投餵催產素，就能縮短雄鼠從插入到射精所需的時間。

至於雌鼠，催產素則會讓牠們展現出對交配充滿期待的行為，擺出所謂的「交配姿勢」（背部向下彎曲的動作，圖22）。

對備孕中的人來說，催產素的效果也相當顯著。有研究顯示，男性在攝取催產素後，每次的射精量會增加；對女性而言，催產素會促使子宮收縮，因此在達到高潮時，子宮的收縮力也會增強，有助於精子更順利進入子宮，提高受孕機率。

說到備孕，很多人腦海中可能會浮現「得儘快去醫院接受治療」的念頭。

不過，只要能善用催產素的效果，就不必完全仰賴醫療手段。像是增加日常的親密接觸、不把性行為當成任務、享受以愛為核心的親密互動，這些做法都能自然促進催產素的分泌，也更有機會成功懷孕。

○催產素與其他幸福荷爾蒙的關係

＊催產素與多巴胺

多巴胺會讓人更容易對酒精與藥物成癮，相反地，**催產素有助於壓抑人對酒精與藥物的渴望。**也就是說，「好想再多喝一口酒」、「想再抽一根菸」等慾望，能夠透過催產素的作用獲得緩和。

許多有酒精成癮問題的人，內心其實長期受孤獨折磨。為了掩蓋那份痛苦，他們大多習慣一個人喝酒，久而久之，會漸漸沉迷於那種快感，難以自制，酒也愈喝愈多。這時，若能盡量和他人一起喝酒，就有機會同時刺激催產素的分泌，進而降低成癮的風險。

＊催產素與血清素

催產素與血清素是彼此促進、互相強化的關係。催產素會提升血清素的濃度，同時，血清素本身也會刺激催產素的分泌。

血清素會在對他人產生「優越感」時分泌，進而提升個人的自尊。但如果過度追求這種感覺，就會出現問題。例如，自己的發言在會議上受到讚賞時，血清素會大量分泌，讓人產生優越感，自尊也隨之提高。

然而，若進一步渴望更多血清素，可能就會出現想要操控他人言行的傾向。一旦表現出那種唯我獨尊的態度，就容易失去他人的信任，導致催產素分泌減少，也會讓人再次感受到不安與孤獨。最後導致皮質醇增加，進而損害健康。這部分將在後文中詳細說明。

人在努力提升血清素的同時，也會避免催產素下降。這種在兩者之間取得平衡的行動模式，逐漸演變成人類在群體中生活所需的社會技能。

【第 4 章】

血清素使不安與憂鬱遠離

○給容易感到焦慮的日本人

血清素是一種主要由腦幹中的縫核（Raphe nuclei）分泌的神經傳導物質，**有助於緩和不安與壓力，穩定心理狀態**。尤其是日本，許多人天生帶有容易感到焦慮的基因，因此更需要善用血清素來提升安心與安全感。

血清素是如何維持心理平衡的呢？（**圖23**）

自律神經主要可分為兩種，分別是交感神經與副交感神經。交感神經主要在身體處於活動狀態時發揮作用；副交感神經則在休息時啟動，帶來放鬆的效果。

血清素會活化這兩種神經之間的調節機能，進而穩定整體身心狀態。

血清素是自然界中常見的物質，普遍存在於動植物體內。人體大約含有10毫克的血清素，其中9成分布在小腸黏膜，8％存在於血小板，剩餘的2％則分布於腦部神經。因此，人們認為這微小的2％對心理狀態具有關鍵性的影響。

血清素在大腦皮質中發揮多種作用，例如，**清醒時維持清晰的意識、在早上醒來時啟動身體、**

圖23　腦內血清素神經的路徑

腦內血清素的5大功能

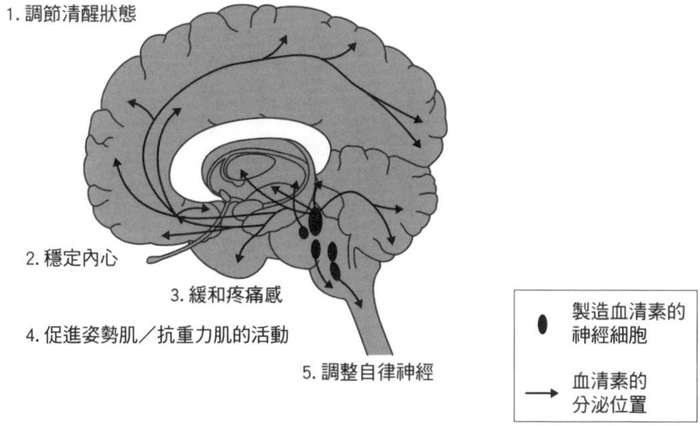

減緩疼痛感，以及活化支撐姿勢的抗重力肌群。

一旦血清素不足，這些功能都可能受到影響，像是早上起不來，或些微刺激就感到疼痛等。

抗重力肌是指那些幫助人體在地心引力下維持姿勢的肌肉群，例如脖子、背部的肌肉，或是用來睜大眼睛、露出笑容等的表情肌。因此，當血清素不足時，容易出現駝背、表情呆滯、缺乏神采等現象。

血清素失衡也與多種身體疾病有關，包括腸躁症、心血管疾病和骨質疏鬆症。此外，經前症候群（ＰＭＳ）的症狀也會愈加嚴重。若透過荷爾蒙補充療法提升雌激素，則能促進血清素分泌，進而緩解相關症狀。

腦內血清素不均衡，也可能引發強迫思考或強迫症等問題。然而，若血清素濃度過高，則可能引發名為「血清素症候群」的症狀，如噁心、嘔吐、顫抖和高燒等。

○血清素帶來的幸福感

值得一提的是，血清素會帶來一種既清醒又放鬆的幸福感，讓人感受到平靜、喜悅與自信。換言之，這是一種**能穩定身心、帶來舒適幸福感的神經物質**。

接下來的**圖24**是我針對300位大學生進行問卷調查所得的結果。問卷的問題是：「你在什麼時候會感受到安穩、平靜的幸福感？」受訪者的回答也反映出血清素通常會在什麼樣的情境下分泌。

從**圖24**可以看出，最常被提到的場景是①「吃飯」的時候、能夠以「健康」和「穩定」的狀態「過著」日常生活、「確保充足」的「睡眠時間」，以及像是「假日」或「清晨」在「老家」和「媽媽」一起「醒來」等平凡卻溫暖的日常時刻。

另一種常見的回答是，②與重要的人共度時光，像是和「家人」或「朋友」隨意「聊天」、一

圖24　當感受到安穩、平靜幸福感的時刻

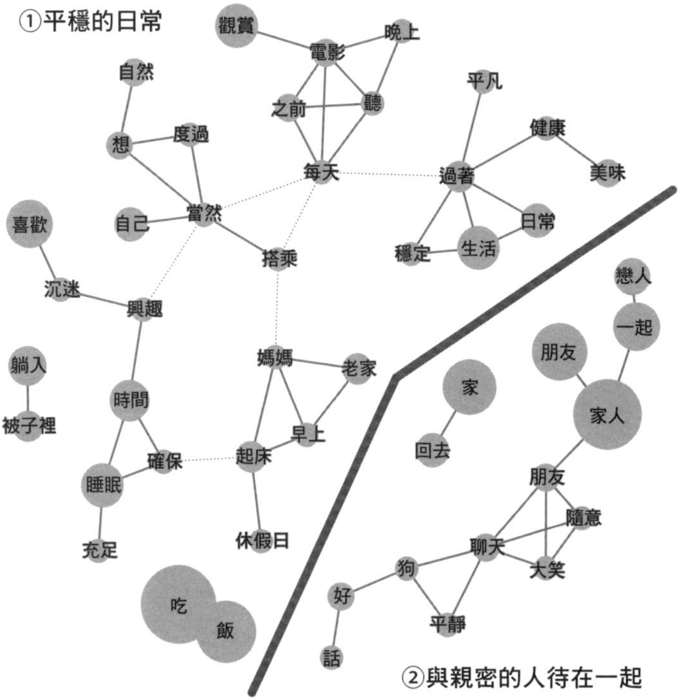

圓圈的大小代表詞語的出現頻率，圓圈愈大，表示有愈多人寫下該詞語。線條則表示詞語之間的關聯，線條愈粗，代表關聯性愈強。

（資料來源：山口創研究室）

起「大笑」，或是和「戀人」或「朋友」待在一起。

○比較心理的血清素作用

爬蟲類幾乎不會群居生活，因此當牠們發現食物時，會毫不猶豫地衝上前搶食，完全不顧其他個體。相較之下，習慣群居生活的哺乳類若在發現食物時也爭先恐後地搶奪，可能會遭到同伴攻擊。

畢竟，就生存而言，比起搶到食物，更重要的是避免受傷。因此，對群居生活的哺乳類來說，判斷自己在群體中的地位高低，往往比「搶食」這件事來得更急迫。

當哺乳類判斷自己處於劣勢時，會選擇等待，直到地位較高的個體吃完為止。相反地，當牠們認為自己占據優勢時，血清素便會大量分泌，讓牠們安心地主動上前用餐。

正是血清素讓牠們產生「可以放心這麼做」的感覺。

再舉一個例子，假設一隻母狗生了8隻小狗，但牠只有6個乳頭。在這樣的情況下，小狗之間自然會發生爭奪。然而，激烈的搶奪會消耗能量，反而不利於生存。因此，小狗會在適度爭搶的同時，彼此讓步，確保每隻小狗都能喝到奶，讓整個群體一起活下來。

這種判斷能力，正是血清素的功能之一。

假如其中一隻小狗過於飢餓，牠的血清素就會枯竭，皮質醇則會升高。此時，那隻小狗便會不顧其他小狗，展現出攻擊性，盡一切辦法搶到乳頭。

在人類的生活中，也經常出現類似的情況。舉例來說，在公司聚餐的場合，當料理上桌後，通常會等職位最高的人先動筷，其他人才會開始吃，這被視為職場禮儀的一部分。

在這類聚會中，一般也是由地位較高的人負責舉杯開場。這時，帶頭的人會因為意識到自己的地位而分泌更多血清素。其他人則可能因為感受到相對劣勢而產生壓力，或因為想趕快開動而分泌多巴胺，反應各不相同。當大家開始用餐後，美味的食物會刺激催產素分泌，進一步加深彼此的羈絆。

換句話說，在這種集體用餐的場合中，體內其實會同時分泌各種不同的荷爾蒙。

英國精神科醫師比爾達貝克等人的實驗也顯示了類似的現象。他們請4位受試者參加一項分配共享資金的遊戲。其中有些人因為體內缺乏合成血清素所需的色胺酸，導致血清素濃度偏低。結果顯示，這些人對「公平分配」這項社會規範的意識相對薄弱，甚至出現將大部分財產據為己有，或揮霍整筆共同資金的情況。

這個實驗，其實也能對應到當前全球面臨的能源與糧食共享問題。如果全世界的人血清素濃度都下降，人們可能不僅不再選擇平等分配有限資源、一起度過困境，還更傾向於爭奪，想把那些資源占為己有。

＊試圖藉由「向下比較」維持自尊

日本國立遺傳學研究所曾進行一項老鼠研究，讓4隻老鼠生活在同一個空間，結果顯示，牠們自然而然地排列出地位高低。地位較低的老鼠，在遇到地位較高的個體時，會感到不安，蜷縮在角落，並出現類似憂鬱的症狀。

後來，研究人員調查這些低地位老鼠的大腦，發現牠們的血清素受體反應下降。也就是說，這些老鼠無法順利接收來自血清素的訊號。

相較之下，地位較高的老鼠能有效接收大量血清素，因此牠們的情緒較為穩定，也能維持較高的自尊。

無論有沒有自覺，我們其實都一直在與他人比較，這種行為在心理學上稱為「社會比較」。尤其當我們想維持自尊時，往往會更容易與那些「看起來比自己差」的人進行比較。如此一來，我們就能確定「自己比較優秀」，刺激血清素分泌，帶來優越感，這種現象稱為「向下比較」。

現今社群媒體的普及，更加突顯了這種傾向。社交平臺上有許多人會分享自己的幸福照片與故事，但當我們看到這些內容時，心情未必會因此好轉。實際上，有研究指出，愈常瀏覽社群媒體的人，幸福感愈低，憂鬱傾向也愈明顯。原因在於，社會比較會讓人覺得自己不如他人，進而導致血清素濃度下降。

透過和他人比較所產生的「幸福感」，其實只是空泛而虛無的情緒罷了。更何況，能比較的對象多到數不清，如果心裡老是想著「該跟誰比較，才會覺得自己比較幸福」，光是這樣的糾結，便足以讓人心累不已。

此外，在戀愛與友情中，血清素同樣會刺激「想比朋友略勝一籌」的慾望。因此，我們會傾向選擇看起來條件比較好的對象來交往（不僅限於社會地位，也包括外貌等條件）。試圖藉由得到他人的認可，感受到自己有價值，進而提高自尊心。

不過，本書所說的「幸福」，並不是來自與他人的比較，而是在主動追求下，從內心湧現的滿足感。

能夠感受到這種幸福感的人，往往帶著自信，抬頭挺胸地生活。關鍵就在於「抬頭挺胸」，**因為光是擺出這個姿勢，就能促進血清素等多種幸福荷爾蒙的分泌。**

○螯蝦的「血清素姿勢」

血清素也會流入脊髓，影響人體的姿勢。

我從小就常在家附近的稻田抓螯蝦，並把牠們養在自家的魚缸裡。但只要兩隻公蝦養在同一個魚缸裡，必定會發生悲劇。因為公蝦待在同一個空間，就會打起來，體型較小的那一隻往往撐不下去。

後來這種情況一再發生，我才發現只要把公的和母的放在一起，就能和平共處。

實際的研究也證實，兩隻公的美國螯蝦待在一起，就一定會打起來，而且通常在30分鐘內會分

圖25　螯蝦注射血清素後的姿勢變化

（資料來源：Tierney, A., & Mangiamele, L., 2001）

出勝負。

至於誰會贏，自然是體型較大的一隻。就算身長只差3%～7%，還是大隻的占上風。

然而，如果事先在體型較小的個體身上注射血清素，結果就會大不相同。據說，牠擊敗體型較大個體的機率竟然會提高到6成。因為小隻的螯蝦會擺出讓自己看起來更龐大的「血清素姿勢」，讓對手誤以為牠比自己還要強大，於是選擇認輸。

請看**圖25**，A是注射血清素前的日常姿勢；B是在攻擊或防禦時，舉起大螯來威嚇對手的姿勢；C是注射血清素後的姿勢，為了讓自己看起來體型更大而彎曲腹部。

這正是勝出的一方，在與其他個體爭奪優勢後所展現出來的姿勢。這種名為「血清素姿勢」的動作，也能在龍蝦身上觀察到，屬於展現優勢與攻擊性的肢體語言。

對動物來說，群體中的社會地位會左右牠們的繁殖成功與地盤大小。因此，當兩隻個體相遇時的衝突，幾乎就是一場攸關生死的決鬥，弱勢的一方甚至可能因此喪命。

○站姿端正有助於提升血清素

一般認為，血清素在脊椎動物體內的作用，相當於交感神經系統釋放的腎上腺素。腎上腺素是一種由腎上腺髓質分泌的荷爾蒙，會在感受到壓力時提高心跳，讓身體進入戰鬥模式。

根據美國心理學家艾美・柯蒂（Amy Cuddy）等人的研究顯示，只要擺出展開身體的「高權勢姿勢（high power pose）」，體內睪固酮就會上升，壓力荷爾蒙皮質醇則會下降。這樣的姿勢在心理層面也有正面效果，能提升活力與幸福感，同時減輕壓力。

相反地，如果採取像縮起身體那樣的「低權勢姿勢（low power pose）」，身心狀態則會朝相反方向發展。

擺出「高權勢姿勢」時，不僅在他人眼中顯得氣場強大、具有主導能力，對方也更可能選擇退讓；同時，擺出這種姿勢的本人，也會因此感受到力量湧現、壓力獲得緩解。

當擺出特定姿勢時，身體的訊息會傳送至大腦，進而形成與該姿勢相符的心理狀態。正是這樣的心理狀態，促使睪固酮等荷爾蒙分泌。

紐西蘭奧克蘭大學的心理學家奈爾等人曾進行一項研究。他們將參加實驗的人分成兩組並施加壓力。其中一組在壓力下仍維持抬頭挺胸的姿勢，另一組則呈現駝背、低頭的模樣。之後，研究人員分別測量兩組在承受壓力後的身心反應。

結果顯示，第一組的自尊心較第二組穩定，情緒也更為正向，心跳則有上升的趨勢。抬頭挺胸的姿勢一般被認為是面對壓力時的「戰鬥或逃跑」姿態。正因為擺出這樣的姿勢，更能維持自尊，並產生較為正向的情緒。

相反地，在壓力情境下採取後者的姿勢，則容易產生被動、疲倦等負面情緒。

○減輕憂鬱情緒

當然，人類與老鼠在運動能力與姿勢的發展上並不相同。但如果將出生後到能站立為止的發展過程壓縮到同一時間軸來看，兩者其實相當類似。也就是說，若將老鼠1天的發展對應到人類的1

圖26　老鼠與人類從出生到站立的姿勢變化

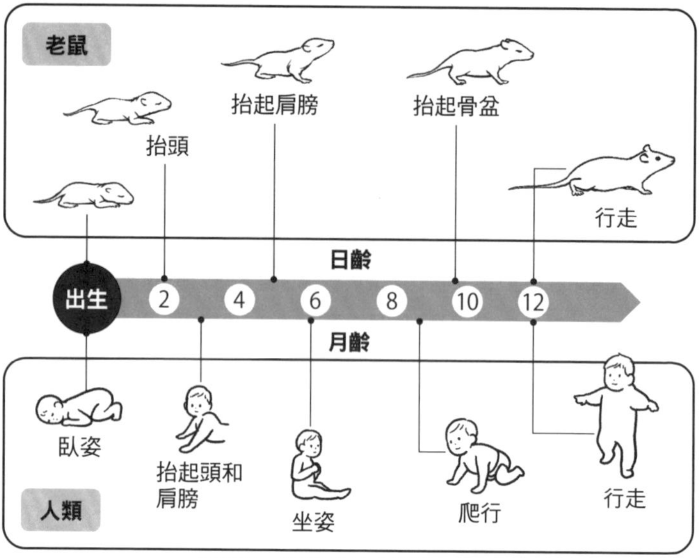

老鼠的 1 天相當於人類的 1 個月

（資料來源：Vinay, L et al,2005）

個月，牠們在發育上的變化其實與人類非常接近（圖26）。

血清素影響的，並不是手指等精細的小肌肉，而是軀幹上的抗重力肌與維持姿勢的肌肉群。

所謂的抗重力肌，顧名思義，就是負責對抗地心引力、支撐身體的肌肉。回顧人類祖先從離開森林、進入開闊的疏林草原，逐步站立起身，發展出雙腳行走的過程，最大的阻礙就是重力。

為了實現雙腳行走，人類必

圖27 抗重力肌的演化

須發展出能夠穩定對抗重力、強健到足以支撐「站姿」的抗重力肌（圖27）。

抗重力肌包括維持背部挺直的脖頸肌肉、脊椎周圍肌肉、下肢肌群，以及用來張開眼睛的眼瞼肌，還有讓臉部產生表情的表情肌等。

此外，讓嘴巴維持閉合狀態，同樣也是抗重力肌的功能之一。你可能注意過，在大眾交通工具上熟睡的人，幾乎都張著嘴吧？那是因為抗重力肌暫時失去作用，無法維持閉合的姿勢，嘴巴也就自然打開。

臉部表情同樣仰賴抗重力肌的作用，例如笑的時候，嘴角會上揚，臉頰也會跟著往上抬。

在清醒時，這些肌肉幾乎隨時都在運作；

而當人進入睡眠狀態時，它們也會跟著一起休息。

血清素是一種與憂鬱症有關的神經傳導物質，一旦分泌不足，就可能引發憂鬱或焦慮。對於先前提到的抗重力肌，血清素具有促進其運動神經活性的作用。因此，**當血清素活躍時，人體會自然挺直背脊，臉部表情也會顯得更有精神。**

換句話說，血清素有助於強化抗重力肌。相對地，目前也已經發現，刺激抗重力肌也能促進血清素的分泌。

動物實驗顯示，若對老鼠大腦中與抗重力肌相關的區域進行電擊刺激，腦內的血清素神經就會開始活化。因此，**保持良好的姿勢，不僅能促進腦內血清素的分泌，也有助於穩定情緒，減輕憂鬱狀態。**

紐西蘭的精神醫學家威爾克斯等人，曾針對被診斷為輕度至中度憂鬱的患者進行實驗。他們將這些患者隨機分成兩組，一組是「維持平常坐姿組」，另一組則是「挺直背脊組」。接著，讓兩組維持各自的姿勢進行為時5分鐘的壓力任務，例如公開發表、計數測驗等。

在實驗開始前，所有受試者都有明顯的駝背情形。然而，結果顯示「挺直背脊組」的參與者展現出較多正向情緒，且使用的詞彙也更多。

此外，他們也較不容易鑽牛角尖或耿耿於懷。現在已經證實，**打開胸部、肩膀保持水平的姿勢，有助於減輕焦慮等負面情緒**。據說，憂鬱症患者更容易回想起與自己有關的負面記憶。實驗也顯示，當他們採用前傾姿勢回想過去時，幾乎只會浮現負面回憶；但只要抬頭挺胸，則會更容易想起正向的內容。

姿勢與心理狀態密切相關，只要調整姿勢，就能有助於提升幸福感。

○握拳、舉手歡呼會促進腎上腺素分泌

現在有愈來愈多人會觀看足球、棒球等比賽。通常在足球選手射門得分、棒球投手投出三振的那一瞬間，觀眾都會不自覺地擺出「握拳歡呼」的動作。為什麼會做出這個動作呢？

其實是因為腎上腺素在發揮作用。

當進入臨戰狀態時，身體會分泌腎上腺素，使心跳與血壓上升，強化身體能力，幫助獲得勝利。它還會將能量送往肌肉，進一步增強運動能力。在這樣的狀態下，手臂用力、握緊拳頭，擺出勝利姿勢，正是腎上腺素與血清素（作用於抗重力肌）共同發揮作用的結果。

圖28　大谷翔平在WBC奪冠的瞬間

（照片來源：USA TODAY Sport／ロイター／アフロ）

那為什麼人在歡呼「萬歲」時會舉起雙手呢？當人高興到喊出「萬歲」時，的確會把雙手高高舉起。這個動作，其實就跟「握拳歡呼」一樣，都是與腎上腺素和血清素有關。

仔細想想會發現，不論是握拳歡呼、舉手高喊萬歲，還是開心地大笑，這些行為都有一個共通點：它們都會用力帶動抗重力肌。

試著比較這兩者，你會發現，人在情緒最沸騰的那一瞬間，與其說是高喊萬歲，更常見的其實是握緊拳頭的歡呼動作，表情也不僅僅是微笑，而是嘴巴大大張開，像在吼叫般地放聲大笑。

各位還記得二〇二三年WBC冠軍賽

上，大谷翔平投手在奪冠那一瞬間的模樣嗎？（圖28）

這類動作發生時，正是腎上腺素與血清素全面活躍的狀態，身體的抗重力肌也會同步進入高強度的收縮。

因為「握拳歡呼」會讓上臂施加更大的力量，而張大嘴巴則比微笑動用更多的肌肉群。

◎將不適轉化為愉悅？

日本九州大學研究所的佐佐木恭志郎團隊曾進行一項實驗。研究人員首先讓受試者觀看三類圖片，分別用來引起正向、中性與負面情緒。接著，螢幕中央會出現一個黑色圓點，受試者必須立刻用手臂向上或向下滑動，將圓點移除。

也就是說，觀看圖片後，立刻要求他們做出向上或向下的手臂動作。隨後，研究人員請他們評估剛才那張圖片「帶來的愉悅程度」（圖29）。

實驗結果顯示，在看完圖片後手臂立刻向上滑動的人，明顯更加愉悅；相反地，將手臂向下滑動的人，則更容易感到不悅。這個效果僅限於「觀看圖片後立刻」做出動作時才會出現。

換句話說，這項實驗顯示，**人類的情緒，有可能受到當下動作影響而「即時提整」。**

圖29　情緒會根據當下的動作而改變

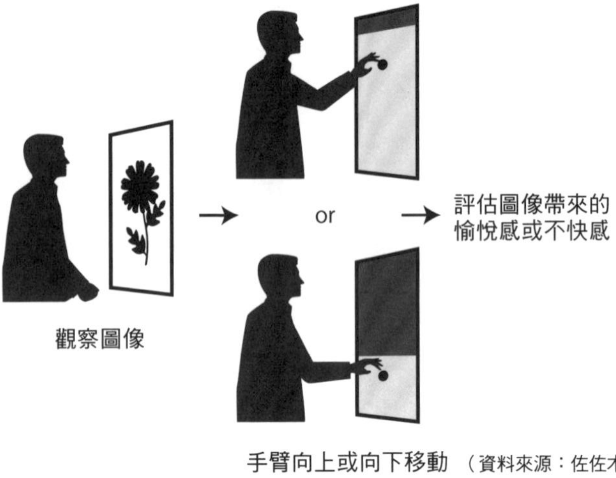

（資料來源：佐佐木，2014）

這段實驗結果顯示，人在透過視覺（觀看）產生情緒後，只要「立刻」舉起手臂，帶動抗重力肌，就可能因此促進血清素分泌，進而感受到較為正向的情緒。

若將這個原理加以應用，或許在面對壓力或遇到令人不悅的事情時，只要在「看到或聽到」的那一刻立刻露出笑容，或做出舉起手臂等動作，就能減輕當下的不適感，甚至將那股情緒轉化為愉悅的心情。

○日常提升血清素的方法

要怎麼做才能讓血清素自然增加呢？

血清素會因為維持規律的生活作息、晒太陽，或進行像是跳舞、慢跑等節奏性運動而增加。

＊節奏性運動

只要進行像是走路、呼吸、咀嚼等這些日常的「節奏性運動」（肌肉週期性地收縮與放鬆），血清素就會增加。

腦幹裡本來就有一套負責產生節奏的系統，只要是透過這套系統進行的運動，不論是哪種類型，都能有效刺激血清素分泌。其中最輕鬆好上手，也最容易持之以恆的，就是走路、呼吸、咀嚼這類節奏性動作。

以健走為例，最重要的是「每天持續」。就算無法每天做，2天1次也沒關係，**重點在於長期穩定地進行**，最好能維持好幾週甚至幾個月。也有研究指出，讓分泌血清素的神經穩定下來，大約需要3個月的鍛鍊時間。如果中途停止，這些神經就會回到原本的狀態。

其實1天1次就已經足夠，不需要反覆進行，建議時間為10分鐘以上，30分鐘以內。時間太短效果不明顯，太長則容易造成身體疲勞，進而產生反效果。

如果運動過度，會導致肌肉累積乳酸這種疲勞物質，反而會干擾血清素的分泌。

首先，我們可以從走路，也就是最基本的節奏性運動開始調整。

如果只是慢吞吞地散步，缺乏節奏感，就不能算是有效的節奏性運動。理想的走法是，以略微喘氣的速度快走，手肘不彎曲，從雙肩施力，大幅擺動雙臂，大步往前邁步。

速度建議每分鐘60～70公尺左右，理想的持續時間為20分鐘左右可依年齡與季節彈性調整），最好是能在舒適的範圍內流一點汗。除此之外，像是爬坡、上下樓梯、慢跑、游泳、騎腳踏車、有氧運動、打鼓，或跳爵士舞、嘻哈舞等節奏明快的舞蹈，也都屬於有效的節奏性運動。

＊呼吸法

嬰兒在吸奶時的「吸吮動作」、用四肢爬行，以及透過「哭泣」來傳達飢餓或不適，其實也都屬於節奏性運動。

有人認為，嬰幼兒在適當的時間，用適當的音量哭泣，是一種節奏化的呼吸活動，有助於促進血清素分泌的活化。對嬰兒來說，這是一種透過「哭泣」來自行調節壓力與不安的本能反應。

一般而言，呼吸大多是無意識的行為，但每天只需10分鐘，可以試著練習「有意識的呼吸」。不需要複雜的技巧，只要緩慢而深沉地吸氣與吐氣，並懷著「想讓自己平靜下來」的意圖來進行，就能得到不錯的效果。

▼深呼吸法（Deep Breathing）

緩慢地進行深層呼吸，有助於降低壓力荷爾蒙「皮質醇」，促進血清素分泌。

①找個舒服的姿勢坐下，或仰躺放鬆，從鼻子緩緩吸氣。
②吸氣時，有意識地深吸一口氣，讓腹部鼓起，並盡量避免胸腔明顯起伏。
③吐氣時，從嘴巴慢慢吐出，讓腹部隨著吐氣逐漸收縮。重點在於延長吐氣時間。結束後，只要放鬆身體，自然就會再度吸氣。
④重複進行幾分鐘即可。

＊飲食

色胺酸是製造血清素所需的原料，屬於人體無法自行合成的必需胺基酸，因此必須透過飲食來攝取。

據說，大腦中約有9成的血清素，是由腸道吸收的色胺酸轉化而來。**建議可以多攝取富含色胺**

酸的食物，例如香蕉、乳製品、豆腐和納豆等大豆製品、雞蛋以及芝麻。

此外，**一定要吃早餐。**因為從睡眠狀態轉為清醒狀態，需要透過曬太陽或吃早餐來喚醒身體。

「咀嚼」也是一個重要的環節。邊做其他事情邊吃飯，或是有一口沒一口地咬，都缺乏節奏感，不能算是節奏性運動。

吃飯時請務必記得好好咀嚼。一般建議，**食物從放進嘴裡到吞下去，最好咬超過20次。**也可以把食材切大一點，或選擇根莖類等比較有咬勁的食物，咀嚼的次數自然就會增加。如果吃了像是粥或麵這類柔軟、幾乎不用咀嚼的食物，可以嚼口香糖，補強咀嚼帶來的刺激感。

＊日光浴

天氣好的時候，心情自然也會更好，這是因為曬太陽能促進血清素的分泌。

不過可惜的是，像燈光這類微弱的光源，幾乎沒有顯著效果。

目前已經在動物實驗中證實，２０００～３０００勒克斯左右（相當於照亮室內的程度）的光線，即使只照射短時間，也能活化血清素神經。

在北歐等即使在夏天也缺乏日照的地區，精神疾病患者的比例較高。在那裡，經由人工照明進行日光浴的治療方式，確實能提升治療效果。

血清素在睡眠期間不會分泌，**必須在早上曬太陽來啟動分泌機制。**若要完整發揮此特性，建議晚上睡覺時將房間的燈光全部關掉，待早上太陽升起後，再去曬太陽。

為了曬到陽光，建議在房間設置窗戶，讓太陽光能夠自然照進房內。此外，就寢前務必拉上窗簾，漆黑的房間有助於讓身體確實形成晝夜節奏。

◯血清素不足容易暴躁易怒

血清素分泌不足時，心理狀態會變得不穩定，心情會陷入低潮。再加上壓力影響，煩躁感與攻擊性會隨之上升，使人容易情緒失控。就像是理智線斷掉、緊繃的神經斷掉等，無法控制情緒，有時甚至會因為憤怒而做出脫序行為。

正如前文所介紹的，血清素能減緩焦慮、緊張與怒意。換句話說，只要血清素的作用減弱，控制情緒的能力就會下降，也就更有可能情緒爆炸。

從事復健醫學的小西正良表示，近年來人體的血清素分泌量呈現減少的趨勢，主因可能與生活習慣的改變有關。

例如，擺脫過去高強度的勞動，轉而過著對身體負擔較輕的生活，再加上晚睡、日夜顛倒等生活型態的改變，這些都可能是造成血清素減少的原因。

○血清素與其他幸福荷爾蒙的關係

血清素與多巴胺的關係如同蹺蹺板。

體內多巴胺較多的人，血清素的濃度往往會偏低（圖30）。因此，容易衝動、情緒失控的人，通常處於高多巴胺、低血清素的狀態。此外，暴力傾向強烈，或懷有輕生念頭的人，也是高多巴胺、低血清素的典型例子。

血清素有助於防止大腦內的獎賞系統暴走，從而帶來穩定的情緒。

同時，血清素還能使正腎上腺素的作用減弱。正腎上腺素除了會在壓力下由腎上腺髓質產生，還會在大腦中合成，影響清醒程度與注意力，並可能引發焦慮情緒。

圖30 血清素能調節多巴胺與正腎上腺素

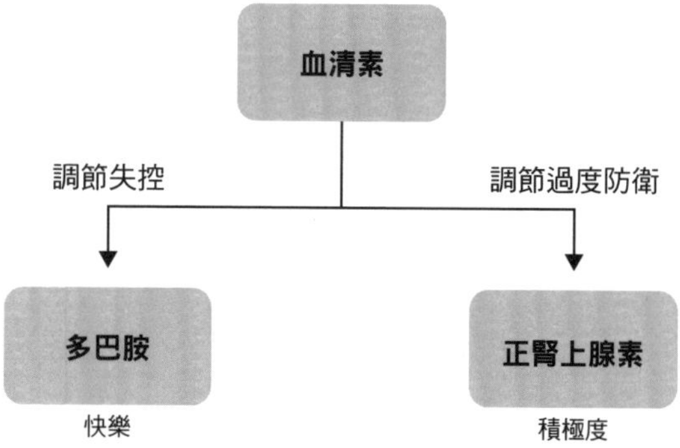

當壓力促使正腎上腺素在體內失控時，會引發強烈的不安與恐懼，使人陷入情緒混亂的狀態，進而引發恐慌症或焦慮症。

這類症狀通常源自於無法控制內在過度防衛的機制，導致情緒瞬間失控，進而引發恐慌發作。血清素能抑制正腎上腺素的作用，有助於緩解這些症狀，並穩定情緒。

【第 5 章】

腦內啡緩解疼痛與苦楚

○應對身體緊急情況後的進化

所謂由腦內啡帶來的幸福，是指像是考上大學時的喜悅，或是多年努力終於獲得主管肯定時的幸福感。

腦內啡原本是一種為了因應身體遭遇疼痛或痛苦等緊急狀況，用來減輕不適而演化出來的物質。**當身體感到疼痛時，會將其視為緊急事件，進而分泌腦內啡。**

最常拿來舉例的是參加全程馬拉松的選手。他們在抵達終點前的過程中，經常得忍受一波又一波的痛苦與煎熬，心中不斷地掙扎「要不要乾脆停下來」。即便如此，他們仍會選擇咬牙堅持，為的是在抵達終點那一瞬間所感受到的成就感。

這時，大腦會分泌多巴胺與腦內啡這兩種物質。多巴胺會激發出意志力，讓人在痛苦中仍渴望跨越困難、追求目標；腦內啡則能緩和那些難以承受的痛楚。

從心理層面來說，腦內啡會帶來一種放空、恍惚的幸福感，但這種狀態無法長時間維持。

如果由腦內啡帶來的快樂能夠長期延續，會發生什麼事呢？雖然可以一直沈浸在幸福又迷濛的感覺中，相對地，也將無法做出最妥善的判斷。

疼痛是一種警訊，提醒身體現在正面臨危險狀況。因此，為了做出最適當的判斷以因應危機，感受到疼痛是必要的。

腦內啡則是一種有助於緩解疼痛、提升存活機率的物質。

舉例來說，假設在狩獵採集時代，有人在狩獵途中不小心摔斷腿。若當時持續不斷地感受到劇烈疼痛，他可能連一步都動不了，最後不是餓死，就是成為其他肉食動物的獵物。

但如果能設法在短時間內緩和疼痛，或許還能勉強移動，走到附近的聚落尋求協助。

此外，在野生動物的世界裡，弱肉強食是殘酷的常態。各位或許曾看過非洲草原上，獵豹襲擊斑馬的畫面。

當斑馬的脖子被獵豹咬住、痛苦地掙扎時，大腦會分泌大量腦內啡。多虧如此，牠幾乎不會感覺到疼痛，說不定還能趁機掙脫逃走。即便最後仍成為獵豹的獵物，也會因為腦內啡的作用，進入一種意識逐漸模糊的狀態，最終只需承受極為輕微的痛苦與煎熬。

○腦內啡與人際關係的密切關聯

圖31是我針對300位大學生所進行的調查結果。

當時的提問是：「在什麼樣的情境下你會因為達成某個目標而感到愉悅？」請他們回答那些會促使腦內啡分泌的常見時刻。

結果發現，最多人提到的時刻是，①當「自己」在「達成」「目標」的「瞬間」。此外，像是克服「困難」的「遊戲」或「課業」、「完成」某項「作業」、「領到」「打工」的「薪水」時，也都能帶來類似的成就感。再進一步來看，在「比賽」中拿到「好」「成績」、「獲得」「結果」，或是在「測驗」和「考試」中「看到」「合格」結果出爐的那一刻，也會出現相似的感受。

②關於人際關係的部分，則包括「得到」「他人」的「稱讚」、「肯定」、獲得「周遭」的「認可」等。

從這些結果可以看出，不只是努力達成目標時會感受到腦內啡帶來的幸福，受到他人讚賞或認同時，腦內啡的獎賞也會隨之增加。

如上所述，腦內啡與人際關係之間其實有著密切的關聯，但過去往往遭到忽略。因此本書接下來將特別把重點放在人際關係上，進一步深入介紹。

圖31 感受到腦內啡幸福的時刻

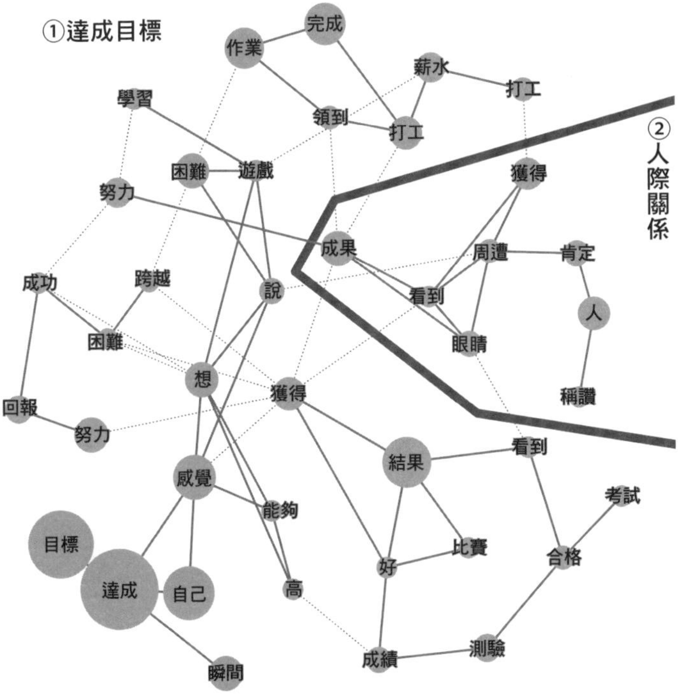

圓圈的大小代表詞語的出現頻率，圓圈愈大，表示有愈多人寫下該詞語。線條則表示詞語之間的關聯，線條愈粗，代表關聯性愈強。

（資料來源：山口創研究室）

○鎮痛效果是嗎啡的6.5倍

腦內啡的意思是「在體內分泌的嗎啡物質」。實際上，腦內啡作為鎮痛劑的效果是嗎啡的6.5倍。

腦內啡可分為三種類型，分別是α、β與γ，其中在緩解痛苦時分泌量最多的是β－腦內啡。本書主要探討的就是β－腦內啡，後續將統一稱為「腦內啡」。

腦內啡是一種由大腦的下視丘、腦下垂體前葉與中葉所分泌的荷爾蒙。在下視丘的弓狀核中，有專門負責製造腦內啡的細胞，並與腦下垂體、杏仁核、腹側被蓋區、大腦導水管周圍皮質、腦幹等多個區域互相連結。

腦內啡之所以又被稱為「腦內嗎啡」或「腦內毒品」，是因為它有一部分化學結構與嗎啡相似，能與相同的受體結合。

在中樞神經系統中，腦內啡具有類似神經傳導物質的功能，但同時也會從腦下垂體釋放到循環系統中，發揮荷爾蒙的作用。

作為荷爾蒙時，腦內啡會與副交感神經產生聯繫，其功能包括放慢心跳、放鬆肌肉、擴張血管、使血壓下降等，進而在全身產生作用，帶來放鬆的效果。

腦內啡還能帶來快感與強烈的幸福感，不僅具有鎮痛與麻醉作用，從心理層面來看，也能減輕不安與緊張，進而產生愉悅感。除此之外，還具有提升免疫力、預防老化的效果。

最重要的是，腦內啡能夠降低皮質醇與腎上腺素這類壓力荷爾蒙的濃度。

腦內啡會在許多看似相反的情況下釋放。有時會降低食慾、性反應或記憶，有時則會加以刺激。這是因為腦內啡具有體內恆定（homeostasis）的效果，能夠根據不同情況，將身心調整回最適當的狀態。

緩解心理上的痛苦

腦內啡的作用比早期所理解的還要複雜得多。研究顯示，腦內啡對人類行為的影響具有調節性，其最主要的目標並不是讓人感到「幸福」，而是協助我們回到「最理想的狀態」。

舉例來說，所謂的「喜悅」情緒，是為了將令人開心的經驗牢牢烙印在記憶中，好讓我們在日後面對痛苦時，能不斷回想起那些經歷，進而推動自己繼續前進。

腦內啡能夠帶來社會安全感的效果，最早是由生理學家潘克賽普（Panksepp）所發現。

為天竺鼠注射嗎啡後發現，即使牠們與母親隔離，也不再感受到孤獨或痛苦，鳴叫的頻率明顯減少。由此可知，腦內啡不僅能緩解身體上的疼痛，也能舒緩心理上的痛苦。

在小雞的研究中也得到類似的結果。一般情況下，只要把手掌呈碗狀輕輕包覆小雞，大約30～40秒內，牠們就會閉上眼睛，宛如安靜地待在一個「模擬巢」中。然而，若是對小雞注射嗎啡，大約會提前10秒出現這樣的反應；相反地，若施打會妨礙腦內啡作用的納洛酮，反應時間則會延後約100秒。

在人類的研究中也發現，當一個人遭受精神上的痛苦，例如霸凌、被排擠或感到孤獨等，體內也會分泌腦內啡，以幫助緩和這些痛楚。

此外，腦內啡在建立人與人之間的羈絆時，也扮演著重要的角色。當體內缺乏腦內啡時，可能會出現自閉症、成癮行為、解離症等行為障礙，或是引起憂鬱症或慢性疼痛。

相對地，有一種名為「腦內啡缺乏症」（EDS）的疾病，患者無法正常合成腦內啡，可能會出現躁鬱症、雙相情緒障礙症，或持續性疼痛。在憂鬱症與創傷後壓力症候群患者身上，也普遍觀察到腦內啡濃度偏低的情況。

腦內啡能促進人與人建立關係，尤其是在進行愉快活動時最為顯著。自古以來，人類為了加深彼此的羈絆，往往會透過伴隨歡樂的行為來互動，例如歡笑、歌唱或跳舞。這或許是因為人們早已意識到，若想與他人建立連結，腦內啡的分泌是不可或缺的關鍵。

以我自己為例，在大學新生的第一堂課上，我通常會安排破冰活動（幫助初次見面的人放鬆的方法）。如果不這麼做，整間教室的氣氛就會像結冰一樣冰冷，學生通常也不太會有反應。

在眾多破冰活動中，需要身體動起來的類型，效果尤其明顯。像是兩人一組，將自己比喻成某種動物來進行自我介紹等活動。分組進行時，很快就能炒熱氣氛，彼此也能迅速變得熟絡。

在聚餐等場合也是同樣的道理。比起坐在居酒屋的固定座位，吃著端來的料理，能站著自由走動的派對更容易拉近人與人之間的距離。進一步來說，若是像戶外烤肉那樣，大家一起生火、動手料理、共享食物，透過活動與分工合作完成共同目標的過程，彼此的感情會更加親近。

○同步共鳴的身體

在與聊得來的朋友或戀人相處時，身體的動作經常會不自覺地同步。目前已經得知，這種身體上的同步會因為腦內啡的分泌而更加明顯。換句話說，當我們和動作一致的人待在一起時，心情會格外輕鬆。為什麼會出現這種現象呢？

在嬰兒時期，經常會不自覺地模仿父母的表情，反過來，父母也會模仿孩子的表情、聲音或動作。當孩子看到父母做出和自己相同的動作、發出相同的聲音時，會產生「共鳴」，進而感到開心，並對父母產生親近感。

而且，身體的同步不僅在於看得見的行為層面。當父母和孩子處在只要伸出手就能碰到、干預對方的範圍內，也就是所謂的「個體周圍空間」時，彼此之間的心跳、呼吸等自律神經系統，甚至連催產素、皮質醇這類荷爾蒙也會跟著同步。

正因為如此，當嬰兒因為不適而哭泣時，眼前的父母也會下意識地在心理層面上與之同步，一同感到不快。然而，父母的反應並不只是單純地「感同身受」。他們會為了讓嬰兒停止哭泣，抱起孩子輕輕搖晃，溫柔地說話，或輕聲唱起童謠。

在如此溫柔的互動下，嬰兒的大腦會開始分泌腦內啡，進而停止哭泣。這就是「依附關係」在生物學上的基礎。

我們的身體就像這樣，天生能從與自己同步的他人身上感受到共鳴與愛，因此會感到放鬆與安心。那為什麼身體上的同步，會讓人更容易建立信任與好感呢？

美國進化生物學家朗等人的研究針對這點進行探討，結果顯示，**當我們與對方的身體產生同步時，會促使腦內啡分泌，進而提升好感與信任感。**這是因為，當對方的動作或行為與自己相似時，會讓人覺得「對方和自己很像」。

心理學領域的研究也指出，與相似的人相處，會讓人感到更自在，也更容易產生好感。如果彼此個性相近，相處起來的節奏也比較不會受到影響；若價值觀一致，摩擦與爭執也會減少；行為模式類似的話，例如作息接近，彼此的生活也會更加協調。

換句話說，能夠在身體上產生同步的人，往往就是那些與我們相似的人。從演化的角度來看，和這樣的人相處會讓人感到安心與舒服，也更容易建立信任關係。

○有效提升腦內啡的方法

接下來，讓我們一起來看看，有哪些行為能夠促進腦內啡分泌。

＊唱歌

應該有不少人在動物園的猴子區等地方，看到過猴子互相理毛的畫面。在人類以外的靈長類中，這種理毛行為幾乎是日常習慣。透過理毛，牠們得以建立、維持彼此之間的社會關係。

研究指出，理毛行為會促使腦內釋放腦內啡，有助於建立彼此間的親密關係。然而，考量到一天中還有其他必須執行的重要活動（例如進食等），牠們其實無法花太多時間在理毛上，因此能進行理毛互動的對象數量也受到限制。

相較於其他靈長類，人類生活在規模更大的群體中。為了能在有限的時間內維繫更多關係，人類需要一套能同時與多位對象維持羈絆的機制。

英國人類學家鄧巴（Dunbar）認為，人類正是為了同時為更多人「理毛」，才開始使用聲音溝通，進而發展出音樂。

與他人一起唱歌或演奏樂器等音樂活動，會使彼此的身體動作產生同步，進而促進腦內啡的分泌。音樂就像是一種能同時替許多人「理毛」的行為，讓人們在群體中一同經歷腦內啡的釋放，因此能夠維持更龐大的社會關係網絡。

這種身體上的同步，不論是與陌生人還是熟識的人一起進行，都能有效強化彼此的親密感。

實際上，從幼兒園、小學、國中、高中到大學，大部分學校都會讓大家一起唱園歌或校歌。即使進入社會後，也有不少公司會擁有自己的歌曲。尤其在新生入學時，經常會安排大合唱，或許是希望藉此讓素未謀面的人迅速熟絡，並凝聚向心力。

此外，以基督教為例，教徒會在教堂裡一同歌唱聖歌，這大概也是出於類似的目的。

與靈長類的祖先相比，人類逐漸產生了在更大群體中建立並維繫社會羈絆的需求。為了解決這個問題，人類發明了透過身體參與的音樂活動，例如歌唱與舞蹈。

有研究指出，不論是20～80人的小型團體，還是超過200人的大型團體，在合唱時都能促進腦內啡的分泌，進而強化彼此間的羈絆。

人類在演化過程中逐漸具備了在比其他靈長類更大群體中活動的能力，因此音樂也扮演了維持整體凝聚力的重要角色。

＊跳舞

自古以來，幾乎所有文化都有伴隨音樂起舞的習俗。以日本為例，有夏日祭典中的盂蘭盆舞與囃子等，各地至今仍保有大家隨著節奏同步動作，一同舞動的傳統。

傳統舞蹈有一個明顯的特色，那就是並非每個人隨心所欲地舞動，而是所有人跳著相同的舞步，一起舞動。這類同步的動作能促進腦內啡的分泌，強化舞者之間的羈絆，讓彼此在未來的生活中互相扶持，並發揮促進利社會行為的作用。

在重視傳統的地區，音樂與舞蹈不僅是表演活動，更是強化人際羈絆、增進作為共同體成員之歸屬感的重要手段。

實驗顯示，像划船或團體音樂演奏這類需要身體同步進行的活動，在結束後都會伴隨腦內啡的分泌。

舞蹈原本既不是競技活動，也不是為了讓他人評比的表演，而是像大家圍著營火一起跳舞那樣，是為了加強凝聚力、攜手生存下去而發展出的群體智慧。

＊歡笑

你是否曾經經歷過大笑後，眼眶泛淚，整個人陷入放空狀態的幸福感呢？

又或者，有沒有過即使遇到不愉快的事情，只要回家看個搞笑節目，笑著笑著，煩惱就逐漸變得不那麼重要的經歷？

我自己最近的經歷是，父親因為癌症末期住進了安寧病房。當時，他的身體瘦得只剩皮包骨，神情暗淡，連說話也變得模糊難辨。這樣的情況持續了大約一個禮拜，全家人都籠罩在「隨時可能要道別」的壓力中，過著難以喘息的日子。

有一天，不常見面的義兄前來探望父親，父親露出了燦爛的笑容。看到這樣的父親，家人們也不禁露出了喜悅的笑容，當下的氣氛頓時為之一變。

那個笑容只出現過一次，而且僅僅是一瞬間，但光是那一刻，就足以讓先前累積的沉重與痛苦一掃而空。笑容的力量，正是如此深刻地打動人心。

嬰兒的笑容也擁有相同的力量。許多媽媽在育兒過程中幾乎每天都感到疲憊不已，但哪怕寶寶只是笑一下或發出笑聲，光是這樣就足以驅走她們一身的疲勞。

「笑」這個行為，就像靈長類的理毛一樣，能促進腦內啡的分泌。因此，它也被認為是一種「隔著距離進行的理毛」。

根據英國人類學者鄧巴等人的研究，如**圖32A**所示，同樣是觀看喜劇節目，比起獨自觀看，四個人一起看會更容易引發笑聲，機率甚至高出約2成（**圖32**中的●為女性，○為男性）。

圖32　羅賓・鄧巴等人的歡笑研究結果

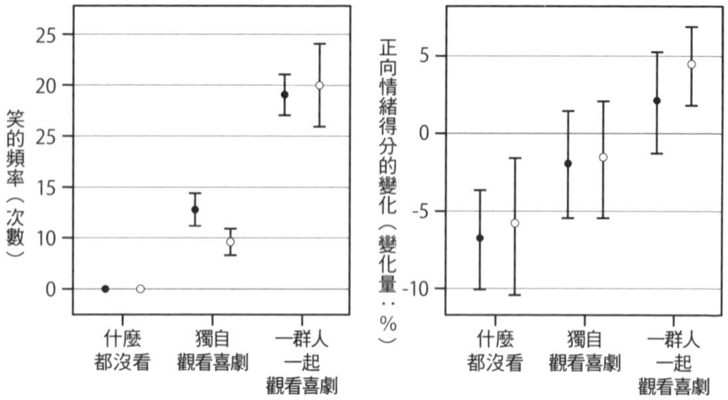

圖A：一群人一起觀看喜劇，大笑的頻率增加25%

圖B：一群人一起觀看喜劇，更能強化正向情緒

（資料來源：Dunbar, R.I.M., 2022）

此外，如圖32B所示，相較於一個人觀看喜劇時的笑聲，四人一起觀看時的笑聲更能強化正向情緒，這正是腦內啡發揮作用的結果。

由此可見，與其說「笑」是個人的行為，不如說「笑」更接近一種集體行為，且的確能發揮出**凝聚群體的力量**。

此外，笑對健康也有正面的影響。

早在一九八九年，李・伯克就已經證實，**人在笑的時候會分泌腦內啡，進而提高免疫系統的活性**。免疫系統是人類與生俱來的防禦機制，能幫助我們抵抗傳染病。

他還進一步發現，笑不僅能活化NK細胞（自然殺手細胞），還能調節壓力荷爾蒙，例如皮質醇，使其維持在適當的濃度。

在日本，也已有實證顯示笑具有相同的效果。一九九一年，伊丹仁朗醫生讓癌症患者觀賞漫才等節目，結果發現他們的自然殺手細胞（ＮＫ細胞）活性有所提升。

同樣地，從事過敏研究的木俁肇醫生也針對笑與異位性皮膚炎之間的關係進行調查。結果顯示，經常笑的人症狀會出現明顯改善，而且在笑的過程中，ＮＫ細胞的活性也會提高。

此外，木俁肇醫生還請正處於哺乳期間、罹患異位性皮膚炎的母親觀看喜劇電影，並在觀賞前後測量其母乳中的褪黑激素濃度。褪黑激素是一種由血清素轉化而來，負責調節睡眠與清醒節奏的荷爾蒙。在異位性皮膚炎患者中，褪黑激素尤其容易失衡，相關內容將在第184頁中詳細說明。

實驗結果顯示，那些觀賞喜劇並開懷大笑的母親，其母乳中的褪黑激素濃度明顯上升。更令人驚訝的是，喝了這些母乳的嬰兒，過敏反應也有所減緩。

這或許是因為，不僅是內啡分泌，笑同時也促進血清素的分泌，這些物質經由母乳進入嬰兒體內，有助於調整自律神經的平衡，進而改善異位性皮膚炎。

順帶一提，在看有趣的漫畫或聽到笑話開心大笑時，大腦中負責獎賞反應的區域也會被激活，進而增加多巴胺的分泌。這種變化能拓展注意力的範圍，引發探索欲、創造力，並帶來更靈活的思考方式。

笑帶來的快感與腦內啡的分泌有關，而多巴胺則牽涉到行動層面的動機，例如，讓人想再多笑一些。

針對癌症患者與外科手術患者的研究顯示，幽默感有助於提升從壓力中復原的能力，也就是所謂的「心理韌性」（Psychological Resilience）。

說到心理韌性，不禁讓人想起弗蘭克所著的《活出意義來》。在第二次世界大戰期間，這位被納粹送往集中營的精神醫學家，歷經無數苦難，最後奇蹟般地活了下來。戰後，他以醫生的角度冷靜剖析自己在集中營的殘酷經歷。為了在那樣的環境中不失去自我、保有人性地活下去，他認為幽默感至關重要。

對他來說，幽默感是「幫助自己不迷失自我的靈魂武器」，並表示：

「就如大家所知，幽默感是人類與生俱來的能力。哪怕只有短短幾秒鐘，也能讓人從現實中抽離，避免被現實擊倒。」

弗蘭克甚至向夥伴們提議「這是一種義務，每天至少要說一個笑話」，於是他們開始互相分享自己創作的笑話。

即使身處極為絕望的環境，笑依然能強化我們的心理韌性，幫助心靈修復。

此外，目前已經得知，笑還具有透過腦內啡發揮作用，削弱自我意識的效果。

鄧巴等人在一項實驗中，讓受試者4人一組分別觀看兩種影片，一組看「喜劇」，另一組看「風景」影片。觀賞結束後，研究人員請每位受試者從同組成員中指定一人，並寫一段自我介紹，目的是讓對方更了解自己。接著，研究團隊根據這些自我介紹「是否誠實、不加掩飾地呈現自己」來進行評分。

舉例來說，像是「我一月在跳鋼管舞的時候摔下來，結果摔斷了鎖骨」或「我最喜歡的電影有一半是……呃，有點丟臉啦，是迪士尼電影」這類坦率揭露自我的內容，會得到高分；相反地，如果只是寫「我現在是大一生」這種籠統、無細節的描述，得分就會比較低。

實驗結果顯示，看了喜劇影片並一起大笑的那一組，在自我介紹中更常使用親密、坦率的詞彙來表達。研究推測，這與腦內啡的作用有關。

腦內啡能讓人更放鬆地進行交流，也因此，會削弱「想給對方留下好印象」的自我意識。不過，如果只是心情變好，沒有笑出聲，就不會產生這種效果。

由此可見，「一起笑」這個行為，也就是身體同步，能減緩人們對於「把自己暴露在他人面前」的焦慮，進而讓人更安心、更真誠地溝通。

＊哭泣

對於「哭泣」這個行為，日文中用「泣く」一詞來表達，但在英文中則有「cry」和「weep」兩種區分，並依照語境進行使用。前者通常指嬰兒因疼痛或不適而哭泣，後者則多用來描述成人因悲傷或壓力而「抽噎啜泣」。

所謂的「啜泣」，並不是在向他人發出悲傷的訊號，反而是為了緩解壓力而流淚。

美國學者勞倫等人曾針對全球各地的人進行研究，請他們回想過去的哭泣經歷。結果顯示，約3成的人表示，哭過之後，覺得壓力得到釋放，心情也輕鬆了許多。也就是說，對他們來說，哭泣是一種帶來正面效果的行為。

流淚本身又會帶來什麼樣的影響呢？

當他人輕柔地按摩自己時，之所以感到心情放鬆，是因為溫和的肌膚接觸會促進腦內啡的分泌。目前的研究顯示，**淚水滑過臉頰所帶來的觸感，也可能產生類似的效果，進而促使腦內啡的釋放**。

因此，美國撫觸照顧研究者菲爾德形容說，**「眼淚是一種自我擁抱」**。此外，如果人工注射腦內啡，則會使大腦停止自行產生腦內啡，進而導致無法流淚。

生理學研究指出，哭泣具有淨化心靈的作用。因此，當人在承受壓力時哭泣，有助於釋放身心的緊張，讓人能重新站起來，走出困境。

流淚的同時，血清素的分泌量也會增加。當我們哭泣時，交感神經會轉換為由副交感神經主導，進而活化負責分泌血清素的神經，使血清素濃度上升。此外，眼淚中含有大量的錳。據說，當體內的錳累積超過一定程度，會提高罹患憂鬱症的風險。透過流淚將這些錳排出體外，有助於降低罹患憂鬱症的機率。

更有趣的是，即使是在與過去壓力無關的情境下哭泣，也能間接緩解原本積累的心理壓力所帶來的不良影響。

舉例來說，有些人在經歷親人過世等痛苦時，當下無法哭出來，身體因此長期處於緊繃狀態。但如果在日後觀看悲傷的電影時「哭泣」，那段未曾釋放的壓力也會隨之得到釋放，使心靈獲得淨化，心情變得更加輕鬆。

這或許也能解釋，為什麼有那麼多人不僅喜歡看喜劇，有時還會特地去看悲劇電影或舞台劇，好讓自己大哭一場。

既然如此，壓抑想哭的情緒，對身體會不會造成負面影響呢？

關於這一點，已有研究證實，習慣忍耐不哭的人，輕則容易長痘痘，嚴重的話，甚至會出現潰瘍等症狀。一般認為，這是因為壓力引起的負面情緒無法釋放，長期累積下來，使身體陷入緊繃狀態所致。

此外，經常忍住不哭的人，腦內啡也無法正常釋放，因此往往會封閉自己，難以與他人建立良好的人際關係。

不過，這並不代表，只要感受到壓力，就應該立刻哭出來。「當下的社會情境」其實會大幅影響哭泣帶來的效果。在他人面前落淚，有時反而可能會讓人對自己產生負面觀感，影響人際評價。

尤其是男性，在許多文化中，從小就會灌輸「男兒有淚不輕彈」的觀念，導致他們在人前哭泣時，難以感受到心靈的淨化，有時甚至會產生更多壓力。

也有人表示，哭完之後反而覺得情緒更加低落。從這點來看，有些情況下，也許忍住不哭會比較好。

但整體來看，彙整各項研究結果後可以得知，雖然在哭完的當下，可能會覺得心情更加沉重，但幾個小時後，甚至幾天後，心情通常會比原本更加愉快。所以，哭泣，依然是件非常重要的事。

＊瑜伽

瑜伽是一種古老的身心訓練法，起源於約西元前5000年的印度。「瑜伽」這個詞來自古印度梵文，意思是「連結」，其核心目的就是將身、心與精神緊密相連。

我本人也有在做瑜伽，不過僵硬的身體一直沒能順利變得柔軟。每次做瑜伽拉筋、伸展身體時，總會有種「痛到舒服」的感覺。據說，身體會為了緩和這種疼痛而釋放腦內啡。

做完瑜伽後，全身通暢的爽快感，就像是令人開心的獎勵。當血液流遍全身每個角落、身體感到暖和的同時，極致的幸福感也會一併湧上心頭。

有研究指出，**瑜伽能讓腦內啡的分泌量提高4～5倍。**

同時也比較了跑步與瑜伽的效果，發現兩者都能促進腦內啡分泌，並沒有顯著差異。

就我自己的感覺也是如此。無論是跑步還是做瑜伽，只要持續30分鐘，同樣都會帶來明顯的舒爽感與極致幸福感。

無論是瑜伽還是運動，基本上只要擇自己所好即可。我最喜歡的方式是，一天一種，兩者輪流進行。

以前我每天都會固定慢跑，當作日常運動的一部分，但每天都跑同一條路線，久而久之難免會覺得乏味。更重要的是，身體也會開始出現問題。一旦想著要延長距離、跑快一點，很有可能會對身體造成損害。

有段時間我得了足底筋膜炎，也就是腳底的肌肉發炎，導致好幾天都沒辦法跑步。從那之後，我開始改成練瑜伽等其他方式，繼續維持運動習慣。瑜伽即使天天做，也不太會使身體受傷。不過，如果天氣晴朗、陽光和煦，卻得待在室內做瑜伽，還是會覺得有點可惜。

腦內啡也具有強化人際關係的作用。所以，如果參加瑜伽課，和其他人一起練習，應該更能促進腦內啡的分泌。

＊三溫暖・泡澡・熱水澡

無論是三溫暖、泥浴，還是泡溫泉，當熱能滲入身體組織時，都會促進腦內啡的釋放。溫泉或三溫暖這類「被動加熱」所造成的熱負荷，與運動那種「主動活動」所產生的熱負荷，其實會引發相似的生理反應。

在義大利生理學家維斯科比等人的研究中，找來8位健康男性，讓他們各自體驗三種不同類型的三溫暖：①80度的乾式三溫暖、②100度的乾式三溫暖、③溫度維持在30度，但溼度從乾燥狀態逐漸上升的熱氣浴。

在三種不同的三溫暖中，只有②會讓腦內啡的濃度顯著上升。可見，**只有在身體受到較大刺激時，腦內啡才會分泌**，進而發揮減輕壓力的效果。

其他研究也指出，如果泡在38度的溫水中30分鐘，腦內啡的分泌量並不明顯，但當水溫升高至47度時，只需短短2分鐘，就會出現腦內啡分泌的反應。

至今仍有不少日本人抱持一種迷思，認為只要泡在熱燙的溫泉中，忍耐不適，才能達到明顯的效果。泡在如此高溫的浴池裡，腦內啡確實會分泌，泡完後也會感受到強烈的幸福感。但同時，這樣的高溫對身體勢必也會造成相當沉重的壓力負荷。就像運動一樣，並不是「愈激烈就愈有效」。

在這種情況下，就必須理性地做出判斷。

此外，針灸治療也具有止痛效果。針灸在體表產生輕微疼痛時，會促進腦內啡的分泌，進而發揮緩解疼痛的作用。

＊美味

在感受到「美味」的瞬間，也會促使腦內啡分泌。

作為生物，人類天生就能夠從「對生存有幫助的食物」中感受到美味。例如，甜點、大腹鮪魚等富含糖分與脂肪的食物，正因為對身體有益，才會讓人覺得美味。

不過，什麼樣的食物會讓人覺得「美味」，其實因人而異。

如果是從小接觸、熟悉的食物，自然會覺得美味。從更廣闊的角度來看，這也與各地文化發展出的飲食歷史有著密切的關係。

口味契合、吃習慣的食物，因為帶來熟悉與安全感，更容易讓人覺得美味。但對來自不同文化背景的人來說，如果味道或風味差異太大，反而可能會覺得奇怪，無法感受到美味。舉例來說，對沒有吃納豆習慣的飲食文化來說，要把納豆當成美食恐怕並不容易。

此外，要能感受到「美味」，食物本身以外的資訊也相當重要。這些來自資訊的先入為主想法，往往會在無意識中影響我們對美味的判斷。

這種現象，是其他動物所沒有，只有人類才具備的獨特「美味」體驗。例如，「這可是這個地區限定的特產喔！」、「這可是曾在法國學習的主廚所做的料理喔！」等，一旦因為這類資訊激發出期待感，品嚐時就會覺得更美味。

除了資訊之外，像是食物的外觀（視覺）或鼻前通道所聞到的香氣（嗅覺）也會影響情緒與認知。日本料理大多重視外觀擺盤，在還沒入口前就已經提高人們的期待。當對美味的期待、食慾與實際味覺結合後，會在大腦中引發腦內啡的分泌，刺激快樂中樞，進而形成最後的味道評價。

從以下介紹的實驗可得知，事前資訊對於感受到「美味」究竟有多重要。

這項研究由美國康乃爾大學的溫辛克（Wansink）團隊進行，他們透過操作「菜名」的方式，來影響用餐者的期待值。具體來說，他們將料理分為兩種命名方式，一種是「平淡無奇的普通名稱」，另一種則是「講究且聽起來可口的名稱」。

舉例來說，同一道料理有時在菜單上的名稱是單純的「紅豆飯」，在另一天則換成更華麗的名稱「經典凱薩風味紅豆飯」。研究團隊準備了六道料理，並輪流使用簡單名稱和精緻名稱來呈現。

當天光顧的顧客採自助式取餐，自由挑選自己喜歡的料理。每吃完一道料理，研究人員就會請他們填寫問卷。結果發現，在滿分9分的味道評分中，使用一般名稱的平均分數為6.8分，而使用精緻名稱的則有7.3分。也就是說，即使是完全相同的料理，**光是取一個講究一點的名字，就會讓人覺得比較好吃。**

這類效果，在小孩身上也能觀察得到。舉例來說，同樣是吃漢堡和薯條，吃了上面有「麥當勞」商標的小孩，對美味程度的評價也會比較高。又例如，透過操控產地知名度或年份所進行的紅酒實驗，也顯示出類似的效果。

美味並不單靠味覺或嗅覺來決定，而是會受到「事前判斷」的強烈左右。因此，即使我們想訓練味覺、分辨出美味程度，若不是經驗老到的主廚或侍酒師，大概也難以做到。

換句話說，我們的感官根本不值得完全信賴。與其抱著「我才不會被這種標籤騙」的多疑態度，不如乾脆主動被這類資訊「騙一騙」，讓腦袋釋放出腦內啡，輕輕鬆鬆就能感受到幸福感，說不定還更快樂。

如果真是如此，根據社群網站上的評價挑選「好評不斷」的餐廳，也可能因為大腦受到「美味

圖33　4種幸福荷爾蒙對人際關係造成的影響差異

	共感	性行為	人際關係網絡
腦內啡	30	20	10
催產素	4	45	10
多巴胺	1.25	37.5	50
血清素	0	0	25

※數字表示各種荷爾蒙與這 3 項人際互動領域之間的關聯強度。

（資料來源：根據 Pearce et al,2017 改寫而成）

的暗示」，實際吃起來也會覺得格外好吃。

同樣地，人們之所以會在意化妝品或包包這類商品的品牌，也可能是因為那是帶來快樂與滿足感的重要來源之一。

○腦內啡與其他幸福荷爾蒙的關係

接下來要介紹的是腦內啡與其他幸福荷爾蒙之間的關係。

圖33呈現了4種幸福荷爾蒙，分別與人際關係中的3個領域（共鳴、性行為、人際關係網絡）之間的關聯性。圖中的數值代表各荷爾蒙與這些領域的關聯強度，數值愈高，表示關聯愈緊密。

腦內啡與「和眼前這個人建立共鳴關係所帶來的喜悅」有著密切的關係。如先前所述，目前已知，像是一起唱歌、跳舞、開心大笑這些能讓身體同步的活動，有助於加深人與人之間的關係。

催產素在與眼前這個人的關係之中，與性行為的關聯尤其密切。

相較於眼前這個活生生的人，多巴胺更傾向與較為抽象、規模更大的「人際關係網絡」有關。像是社群網站那樣，即使不需面對面，也能與許多人建立關係。此外，多巴胺也扮演著類似油門的角色，促使人們對喜歡的人產生性衝動。

血清素與人際關係網絡略有關聯，但參與程度似乎不算深入。

接著來看腦內啡與催產素之間的差異。催產素會影響我們建立人際關係的方式，例如是否傾向與他人保持距離，或是能夠快速與任何人打成一片等人格特質。

與催產素最大的不同是，腦內啡的分泌通常是因為受到「刺激」。舉例來說，與對方產生肢體接觸時的愉悅感，正是腦內啡帶來的效果。近年來的研究顯示，光是戀人的觸碰，就足以活化腦內啡的受體。

在戀愛關係中，或許關鍵就在於，腦內啡所帶來的那種宛如毒品般的強烈快感。人們渴望那種愉悅的感覺，去觸碰自己所愛的人，在互動中培養愛情，同時追求來自腦內啡、令人沉醉的性快感。

當然，在這個過程中，催產素也會分泌，進一步加深與對方之間的羈絆與信任感。如上所述，催產素的效果具有長期且持續的影響力，腦內啡則屬於短暫性的作用，這就是兩者的差異。

接下來談談多巴胺與腦內啡的差異。這兩種荷爾蒙的受體本身就有各種不同的變異，而這些差異正是造就每個人「愛的風格」不同的原因。

舉例來說，多巴胺受體的基因類型，與初次性經驗的年齡有關。性行為傾向較積極的人，通常會較早迎來第一次。

至於腦內啡受體的類型，則與共鳴能力有關。由於共鳴能力也會影響戀愛關係的品質，因此共鳴能力較高的人，往往會更仔細地揣摩對方的情緒，慢慢培養彼此的感情。

人，唯有在與他人的關係中，才能幸福地生活。

如果回到本書所提出的順序「DOSE」來看，第一步是多巴胺。多巴胺與人際關係網絡有關聯，從這個角度來看，善加運用許多人都在使用的社群網站，也許是個不錯的方法。

在與眾多素未謀面的人互動的過程中，有時候會發現「啊，這個人感覺很合得來，想跟他更親近」，接著，只會與那樣的特定對象見面、交流，逐步深化彼此的關係，同時促進腦內啡與催產素的分泌。

我認為，像這樣根據對象調整互動的深度，區分「特定的人」與「其他人」的交往方式，才是最適合這個時代的人際關係經營之道。

【第6章】

幸福荷爾蒙與性・壓力・睡眠的關聯

○你應該了解的重要荷爾蒙

本章將介紹其他會影響幸福荷爾蒙的重要荷爾蒙（圖34）。

這些荷爾蒙都會對幸福荷爾蒙產生影響，事先了解其作用將非常有幫助。

至少，了解與自身性別相關的性荷爾蒙，絕對不會有損失。

○性相關的雌激素與睪固酮

性荷爾蒙與幸福荷爾蒙的關係非常密切，也會強烈影響幸福荷爾蒙的作用。

以下將分別介紹男性與女性的代表性性荷爾蒙。

＊雌激素（女性荷爾蒙之一）

雌激素是最具代表性的女性荷爾蒙。

由於雌激素最初是以一種會引發女性發情行為的荷爾蒙被發現，因此又稱為「動情素」。

近年來的研究顯示，女性荷爾蒙的作用不僅侷限於乳房或子宮，而是涵蓋身體的多個部位。

其中較為重要的功能之一是，**改善血液中的脂質代謝，降低壞膽固醇（低密度脂蛋白膽固醇，**

圖34　影響幸福荷爾蒙的6種荷爾蒙

與性有關的荷爾蒙	女性荷爾蒙（雌激素）	讓女性具備受孕能力，維持肌膚與髮質的光澤與彈性，也有強化骨骼的作用。男性體內也會分泌。
	男性荷爾蒙（睪固酮）	幫助肌肉生成、不易囤積皮下脂肪，並提升行動力與積極性。女性體內也會分泌。
壓力荷爾蒙	DHEA（脫氫異雄固酮）	在壓力狀態下分泌。不只是睪固酮與雌激素的原料，還具備調節免疫力、預防糖尿病與動脈硬化等功能，能夠降低皮質醇的負面作用。
	皮質醇	在壓力狀態下分泌，會促進血液生成、提高血壓，並降低免疫系統的功能。
與睡眠有關的荷爾蒙	生長荷爾蒙	在成長期能夠促進骨骼發育，成年後則負責修復受損細胞，是維護身體的重要角色。
	褪黑激素	由血清素轉化而來，負責調節生理時鐘，具有助眠作用。

LDL），並促使血管內的細胞產生一氧化氮，使血管保持柔軟，有助於降低血壓。

雌激素還具有抗氧化作用，能夠預防動脈硬化，提升胰島素調節血糖的效果，同時也具有保護心臟的功能。

此外，雌激素也與骨骼的新陳代謝有關，當雌激素分泌減少時，骨質密度會下降，罹患骨質疏鬆症等疾病的風險也會提高。

不過，如果雌激素分泌過多，可能會引發體重增加、月經週期紊亂、焦慮、憂鬱、記憶力下降等症狀。相反地，當雌激素分泌不足時，則容易出現陰道乾澀、月經不規律、潮熱、乳房疼痛、疲勞、骨質密度下降等問題，目前也已知，這會增加女性不孕的風險。

＊心理層面的影響

雌激素也會作用於大腦，尤其會影響與認知功能、情緒與記憶相關的區域。

因此，在懷孕期間、更年期、經前症候群，以及罹患憂鬱症時，雌激素都會對女性的情緒與心理狀態造成影響。

此外，雌激素的濃度會隨著月經週期變化。月經結束後的約14天內，雌激素分泌增加，使人感受到較強的幸福感。但在排卵之後，當雌激素開始下降時，容易出現焦慮或憂鬱傾向。有數據顯示，有許多女性犯罪事件發生在這段期間。

到了更年期，由於雌激素分泌減少，許多人會出現情緒不穩定、記憶力與專注力下降、煩躁與不安等症狀。由此可見，雌激素在女性的心理健康中，扮演著非常重要的角色。

另外，像是憂鬱症、偏頭痛、腸躁症等，都是女性常見的疾病。

雌激素會影響腦內的血清素神經，有助於緩解憂鬱與焦慮的症狀。因此，**雌激素分泌減少的時**

圖35　男性荷爾蒙的減少較緩和，女性荷爾蒙的減少較劇烈

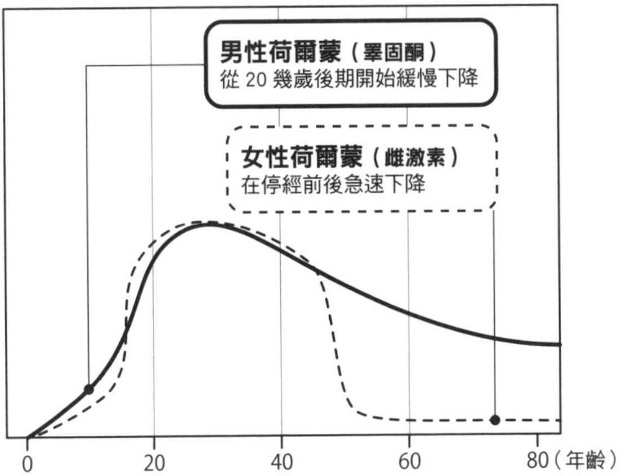

（資料來源：改編自日本內分泌學會官網）

期，經常出現憂鬱等症狀。不過，若透過藥物補充雌激素，就能防止血清素遭到分解，進一步幫助大腦有效運用血清素。

女性體內也會分泌男性荷爾蒙「睪固酮」，雖然分泌量遠低於男性，但在雌激素大幅下降的時期，睪固酮的變化相對緩和。因此，更年期之後的女性，反而更容易受到睪固酮的影響（**圖35**）。正因如此，步入更年期後，女性體內的睪固酮比例相對升高，可能會出現活力旺盛、自信大增、行動力提高的狀況。

＊雌激素的減少可以靠催產素來彌補

雌激素與催產素具有相輔相成的作用。尤

其是大腦中的雌激素受體大多集中在下視丘的「室旁核」（即合成催產素的地方），因此當雌激素受體被活化時，也會促進催產素的生成，進而緩和因焦慮或壓力所引發的反應。在催產素的作用下，不論對象是誰，都能自然地拉近距離。

相較於接下來要介紹的「睪固酮」，它具有緩解男性壓力的作用，「催產素」則能幫助女性緩解壓力。因此，能促進催產素分泌的行為，對女性而言，有助於大幅減輕壓力。

尤其女性在生產後，荷爾蒙平衡會出現劇烈變化。此時，隨著雌激素濃度上升，催產素也會跟著增加，進而啟動所謂的「育兒模式」。

此外，催產素的受體也會受到雌激素的強化。這兩種荷爾蒙本來都是為了提升女性在生殖上的優勢，因此會彼此加強對方的作用，進一步發揮效果。

＊睪固酮（男性荷爾蒙）

睪固酮雖被稱為「男性荷爾蒙」，但實際上無論男性還是女性都會分泌，而且它也會影響情緒。

在男性體內，睪固酮主要由睪丸分泌；在女性體內，則由卵巢產生。無論性別，腎上腺皮質也會分泌少量睪固酮。

睪固酮會在男性青春期時急速增加。這時期的男生通常精力充沛、更為衝動，且攻擊性較強，這些傾向大多與睪固酮濃度的上升有關。

在青春期，睪固酮會活化大腦邊緣系統等與情緒相關的區域，但此時負責理性思考的前額葉尚未完全發展成熟。由於這種不平衡，青少年在此階段難以理性判斷和控制衝動，容易出現問題行為。

當體內睪固酮濃度偏低時，可能會出現提不起勁、沒精神的情況，焦慮與憂鬱的傾向也會增加。相反地，若睪固酮濃度較高，則會帶來幸福感、自信與活力，思緒也會變得更敏銳且清晰。然而，無論男女，睪固酮都有可能提高攻擊性。

睪固酮還能增加肌肉並減少脂肪。對於年長者來說，隨著年齡增長，體內的睪固酮會逐漸下降，導致肌肉減少。不過，如果透過藥物補充睪固酮，則能提升蛋白質合成效率，發揮增肌減脂的效果。

此外，睪固酮也與記憶力有關。研究指出，對於罹患阿茲海默症的高齡男性患者，在短期內補充睪固酮後，發現他們的空間記憶與語言記憶有所改善。對年輕女性來說，補充睪固酮也能發揮作用，像是在需要記憶方向或找路等場合中，能提升空間記憶。

這種現象可以追溯到狩獵採集時代的生活方式。

當時，睪固酮濃度高、體格壯碩又精力充沛的男性，通常追逐獵物的範圍會更大、更遠。儘管如此，他們仍必須回到妻子身邊，因此推測他們的空間記憶能力，就是在這樣的環境下發展而來。

*睪固酮對身心的影響

德國心理學家盧卡維納等人曾進行一項實驗，他們在測量年輕男性睪固酮濃度的同時，評估這些人辨識他人表情的能力。結果發現，睪固酮濃度愈高的人，在解讀他人表情時所花的時間也愈長。

一般認為，這是因為睪固酮會作用於大腦中處理情緒的「杏仁核」等區域，干擾其功能的正常運作。在針對女性進行的睪固酮補充實驗中，也出現了類似的結果。

此外，也有研究指出，自閉症與睪固酮濃度有所關聯。例如，自閉症患者通常不擅長察言觀色或理解他人意圖，而在自閉症群體中，男性的比例明顯較高。這可能與胎兒時期大腦暴露於過多睪固酮有關。

因此，一般而言，女性更擅長察覺、共鳴他人的情緒，社交能力也較為優秀。而在男性中，像是地位高、性格強勢、肌肉發達或行動力強的人，通常體內睪固酮濃度較高，這類人在情緒察覺方面往往更為遲鈍。

在人類以外的動物身上，睪固酮乍看之下似乎會提升攻擊性，但嚴格來說，睪固酮真正提高的是「想要壓過他人、取得優勢」的支配慾望。

所謂支配慾望是指，想在群體中達到更高地位的動機。然而，對包括人類在內的靈長類來說，要取得更高的地位，並不一定非得攻擊對方不可。

人類可以用語言溝通，而猴子和黑猩猩則會用展示力量等方式來威嚇對方，避免真正動手攻擊。因此，支配慾望並不一定會轉化成攻擊行為。

此外，為了維持既有地位，必須對那些可能威脅自身地位的人保持高度警覺，睪固酮也會讓人對這類潛在威脅變得更加敏感。經研究證實，不論男女，體內睪固酮濃度較高的人，通常也更傾向採取高風險的行動。在職業選擇上，也更有可能投入金融業等挑戰性較強的領域。

另外，睪固酮本身是性荷爾蒙，自然也與生殖行為有關。

當男性聞到處於排卵期女性的體味時，體內睪固酮濃度會比聞到未排卵女性的體味時高出許多。在這樣的反應下，男性的性慾會提升，睪丸功能也會得到強化，促使他們繁衍後代。

＊女性體內的睪固酮

女性的體內也有男性荷爾蒙，而且同樣也會受到其影響。令人意外的是，女性體內的睪固酮濃度其實比雌激素高出100倍。這是因為，男性的睪固酮主要來自睪丸，但女性不只卵巢與腎上腺會產生睪固酮，脂肪組織也會分泌睪固酮。

一般來說，女性會比男性更早進入青春期。隨著第二性徵的發展，卵巢逐漸成熟後，不只是雌激素，體內的睪固酮濃度也會上升。

大概從小學高年級開始，班上經常可以看到女生活力充沛地行動，並展現出領導能力的情況。這些行為的背後，其實也是睪固酮在產生作用。

不過，當女性體內的睪固酮濃度過高，可能會出現月經不規律、臉部與身體毛髮增加，或肌肉異常發達等症狀。這種情況下，建議透過增加催產素來平衡。

催產素有助於強化對周遭的信任感與親密感，相對地，睪固酮則會提高對他人的不信任感，讓人更為警戒、更具攻擊性。

不過催產素也並非沒有缺點，它會讓人對所有人都產生信任感，有時可能因此而受騙。所以重點在於，維持催產素與睪固酮之間的平衡。

如果女性體內的睪固酮過多，建議積極採取能促進催產素分泌的行動。相反地，當睪固酮過少時，可能會出現性交疼痛、性慾下降、月經週期中斷、睡眠不規律、體重增加、提不起幹勁、憂鬱或焦慮等症狀。

想要提高體內的睪固酮濃度，重點在於維持規律的生活作息，確保充足睡眠，並均衡攝取優質蛋白質、脂質、礦物質與維生素。

此外，長期處於壓力狀態會妨礙睪固酮的分泌，必須及時排解壓力，避免壓力積累。

重量訓練或高強度運動都有助於促進睪固酮分泌。不過，運動或減肥過度時，可能會適得其反，因此保持適度的平衡同樣重要。

◎與壓力有關的DHEA與皮質醇

＊DHEA（脫氫異雄固酮）

DHEA（Dehydroepiandrosterone）是一種由腎上腺皮質分泌的荷爾蒙，又被稱為「超級荷爾蒙」，因為DHEA是合成男性荷爾蒙（睪固酮）與女性荷爾蒙（雌激素）等荷爾蒙所必需的前體物質。

DHEA的功能非常多元，包括提升免疫力、抑制發炎、減緩皮膚色素沉澱、促進代謝、舒緩壓力、提升幹勁、預防動脈硬化，以及增進性慾等。

無論性別，隨著年齡增長，DHEA都會逐漸減少，不過男性的分泌量通常比女性來得多。根據心臟內科醫師榎本美佳等人進行長達27年的追蹤研究顯示，體內DHEA濃度愈高的人，壽命也愈長，因此DHEA又被稱為**「長壽荷爾蒙」**。

DHEA和接下來要提到的皮質醇一樣，都會在壓力狀態下分泌，因此DHEA同樣也被歸類為「壓力荷爾蒙」。

當感受到壓力時，皮質醇會促使血糖上升，讓身體獲得應對壓力所需的能量。但在這個過程中，也會產生導致老化的活性氧，進一步損傷各個器官。DHEA具備抑制氧化反應的功能，因此又有**「回春荷爾蒙」**之稱。

皮質醇在長期壓力下會持續分泌，但DHEA則會隨時間逐漸減少，一旦無法達到制衡的效果，皮質醇的不良影響便會開始浮現。

此外，皮質醇會干擾免疫功能，而DHEA則具有強化免疫力的作用。DHEA的分泌會在20～30歲左右達到高峰，之後便會逐年下降。相對地，皮質醇則會隨著年齡增長而逐步升高。因此，年紀愈大，免疫力就愈脆弱，罹患癌症等疾病的風險也會跟著提高。

除此之外，DHEA還會對心理狀態產生影響。

DHEA還會間接影響多巴胺、腦內啡、催產素與血清素的合成。因此，**DHEA具備保護我們免於負面情緒干擾，並提升幸福感與正向情緒的作用**。也有研究在探討，DHEA是否具有作為改善憂鬱與焦慮藥物的潛力。目前已經得知，DHEA或許也具備提升認知功能與記憶力的效果。

此外，正如先前提過的，DHEA是合成男性荷爾蒙（睪固酮）與女性荷爾蒙（雌激素）所需的前體物質。

在一項以老鼠為對象的實驗中，研究人員以藥物的方式讓雌鼠連續服用DHEA一週，結果顯示，牠們更願意靠近雄鼠，大腦中掌管性衝動的區域也出現活化反應。

在以人類為對象的實驗中，讓剛步入更年期的女性補充DHEA藥物後，結果也顯示，她們的性功能與性生活頻率皆有所提升。由此可見，DHEA似乎也有助於改善性功能低落或性慾減退等情況。

＊提升DHEA的方法

腎上腺是對氧化特別敏感的部位，腎上腺功能愈健全，DHEA的分泌量也就愈多。為了避免腎上腺過度疲勞，建議**多攝取富含抗氧化物質的食物，例如維生素C、維生素E，以及鋅等。**

其中，山藥類植物的抗氧化成分尤其豐富，像是薄葉野山藥、長山藥等，都屬於常見的山藥。

除此之外，納豆、黑豆、酪梨、海鮮等食材，也都是不錯的補充來源。

DHEA也可以透過運動來促進分泌。像騎腳踏車這種會**對下半身施加些微負荷的運動，就能產生明顯效果。**散步當然也可以，但建議改成爬樓梯、爬坡或快走等方式，讓步行本身具備適度負荷。此外，每天做5～10分鐘左右的簡易重訓，也能發揮不錯的效果。

法國生理學家提桑迪耶等人針對年長者進行的研究顯示，接受耐力訓練的人，體內的ＤＨＥＡ濃度明顯高於久坐不動的人。

義大利醫學家巴格里亞等人的研究也指出，規律進行中等強度腳踏車運動的年長男性，其ＤＨＥＡ濃度也遠高於久坐者。

＊皮質醇

皮質醇又稱為壓力荷爾蒙。其濃度會在早上達到高峰，之後隨著時間逐漸減少。換句話說，當身體準備開始一天的活動時，就會大量分泌皮質醇。

類似的情況也會在面對壓力時出現。當感受到壓力時，體內的ＨＰＡ軸（下視丘→腦下垂體→腎上腺系統）就會被活化。

ＨＰＡ軸是神經內分泌系統的一項功能，負責調節身體在面對壓力時的生理反應，例如維持平衡與適應壓力等。它會依照下視丘→腦下垂體→腎上腺的順序啟動，最終由腎上腺皮質分泌皮質醇並釋放到血液中。

皮質醇的作用包括，**降低疼痛感，使人在疼痛時也能行動、提高血壓與血糖濃度、抑制免疫系**

統功能，以及增強記憶力與注意力。

造成不良影響。

但若長期累積壓力，或經歷過於強烈的壓力，皮質醇便會長時間持續分泌，反而對身體與大腦

皮質醇雖然具有抗發炎作用，能緩和免疫所引發的發炎反應，但當皮質醇過度分泌時，免疫系統也會受到過度干擾，導致免疫力下降，進而提高感染傳染病或罹患癌症的風險。

在大腦方面，皮質醇會使掌管長期記憶的海馬迴萎縮，使人難以回想起過去的記憶，或出現認知功能障礙，進而提高罹患失智症的風險。

此外，為了持續分泌皮質醇，腎上腺會被迫長時間運作而疲憊不堪，導致真正需要皮質醇時，反而無法正常分泌，使人難以對應壓力。

皮質醇分泌增加時，也會刺激食慾，可能導致肥胖與高血壓。同時還會損害皮膚健康，引發發炎反應，促使濕疹、乾癬、痤瘡等症狀惡化。

我在研究中也發現，平時幸福感較低的人，體內皮質醇濃度通常偏高，膚況也相對較差。相反地，幸福感較高的人，體內皮質醇濃度較低，催產素濃度較高，皮膚狀態也明顯更好。

這是因為皮質醇與催產素之間呈現相反的關係。

＊皮質醇與幸福感

皮質醇在面對「無法掌控的狀況」或「被他人評價」等壓力時會大量分泌。因此，在心理學的實驗中，若要測量人在壓力下的皮質醇變化，經常會使用「特里爾社會壓力測試（Trier Social Stress Test）」來誘發壓力反應。

這項測驗包含3個階段：準備演講（10分鐘）、在評審面前發表演說（5分鐘），以及進行心算測驗（5分鐘）。

適量的皮質醇有助於提升自我控制能力。然而，當分泌過多時，自控力反而會降低，容易激起憤怒或恐懼等情緒，進而衝動行事。

在野生動物身上也能觀察到類似反應。面對危險時，牠們一開始或許還能冷靜應對，但當情勢變得難以理性判斷時，往往會像「窮鼠齧貓」這句成語所形容的那樣，轉而主動撲向敵人。也就是說，為了生存而做出極端危險的選擇。

此外，整體幸福感較高、健康狀況良好的人，體內的皮質醇濃度通常也會偏低。由於皮質醇是一種在遭遇壓力時會升高的「壓力荷爾蒙」，若反覆經歷突發性壓力，皮質醇便會在體內逐漸累積，進而使人更難感受到幸福，健康狀況也可能隨之惡化。

圖36　生長激素與褪黑激素的晝夜節律

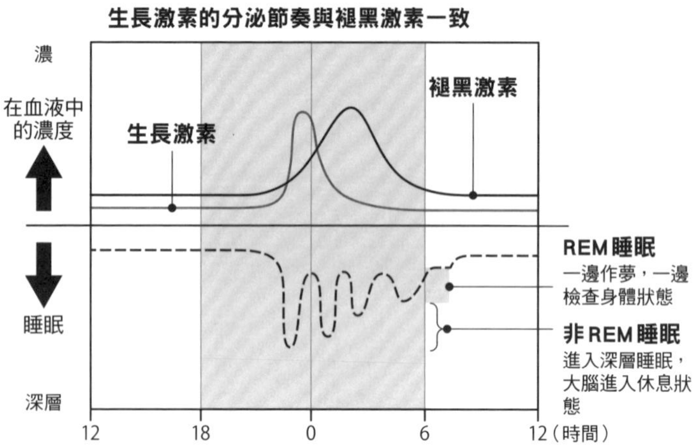

資料來源：改編自神山潤《子どもの睡眠》（芽ばえ社／ 2003年出版）

與睡眠有關的生長激素與褪黑激素

＊生長激素

如同其名，生長激素是一種與人體成長有關的荷爾蒙，由腦下垂體分泌，主要作用在骨骼末端的軟骨細胞，促進骨骼發育。

若孩童在成長期缺乏生長激素，可能會影響身高發展，相反地，分泌量若較高，則有可能會長得更高。

除此之外，生長激素也會作用於肝臟、肌肉、心臟、大腦與血管等多個器官，調節身體的代謝功能。有些人可能會以為，成年後就不再需要生長激素，但這個想法並不正確。

在成人階段，生長激素主要負責調節代謝。如果此荷爾蒙不足，可能會出現膽固醇或中性脂肪等脂質代謝異常，或是內臟脂肪囤積等情況。

生長激素同時也有維持骨骼健康的功能。成年後，若分泌量不足，可能會導致骨骼代謝失衡，引發骨質疏鬆，也會造成肌肉量減少，進而使體能下降。

此外，在皮膚方面，因為汗腺分泌量減少，容易出現乾燥的情況。心理上也可能伴隨出現一系列症狀，例如，動不動就覺得疲憊、提不起精神、情緒低落等。

生長激素在成年後，依然發揮著多項功能。例如，修復因紫外線受傷的皮膚細胞，或是促進因運動等原因受損的肌肉細胞再生，打造出更強健的肌肉。同時，生長激素也能協助更新受損的免疫細胞，提升整體免疫系統的防禦力。

總結來說，**對成年人而言，生長荷爾蒙可視為幫助維持身體狀態的一種荷爾蒙。**

＊提升生長荷爾蒙的方法

要促進生長荷爾蒙分泌，「睡眠品質」是關鍵。入睡後約30分鐘，會進入持續約3小時的深層睡眠（非快速眼動期）。在這段期間內，生長荷爾蒙的分泌會達到高峰。

因此，能否順利進入這段高品質的深層睡眠，是決定分泌量多少的關鍵。（圖36）

＊與其他荷爾蒙的關係

血清素會促進生長荷爾蒙的分泌。

孕期母親的飲食內容與攝取量會影響胎兒的生長荷爾蒙分泌。特別是，**含有色胺酸（血清素的前體）的食物，對生長荷爾蒙的分泌會有顯著影響。**

即使是成年人，若攝取大量含有色胺酸的食物，不僅能提升血清素，還能有助於增加生長荷爾蒙。詳情請參考第127頁。

此外，女性荷爾蒙中的雌激素也會促進生長荷爾蒙的分泌。青春期的女孩會分泌較多雌激素，因此在這段期間，女孩的身高往往會比男孩更高。

催產素同樣具有促進生長荷爾蒙分泌的作用。舉例來說，對早產兒進行撫觸照顧不僅有助於提升催產素的分泌，還會間接增加生長荷爾蒙的分泌，從而促進寶寶的成長。

＊褪黑激素

褪黑激素是一種以血清素為原料合成的荷爾蒙，由腦內名為「松果體」的小腺體負責分泌，主要功能是調節季節性節律和晝夜節律（即日夜節律）。

圖37　褪黑激素在夜間分泌，感受到陽光則會停止分泌

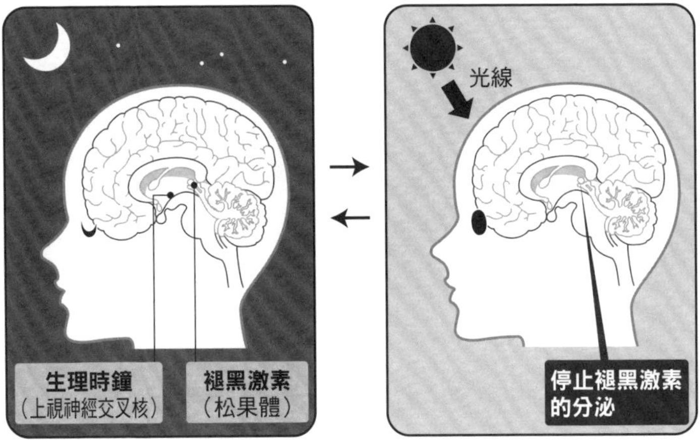

（資料來源：武田藥品工業官網）

由於晝夜節律的週期約為25小時，若日常生活中未接觸到陽光，節律會每天往後延遲1小時。因此，每天早上醒來後，必須曬曬太陽，才能將晝夜節律重新校正。（圖37）

褪黑激素的主要作用是調節人體的晝夜循環。人體內設有「生理時鐘」，負責調控睡眠、食慾、體溫等生理過程的節奏。

當外界光線進入眼睛後，會透過視網膜傳遞訊號，並經由體內的生理時鐘（上視神經交叉核）傳至松果體。強光會抑制褪黑激素的分泌，因此白天的分泌量較低，到了夜晚則會大幅上升，達到白天的好幾十倍。

由於褪黑激素是以白天分泌的血清素作為原料進行合成，因此，重點在於白天必須讓血

圖38　血清素與褪黑激素的晝夜節律

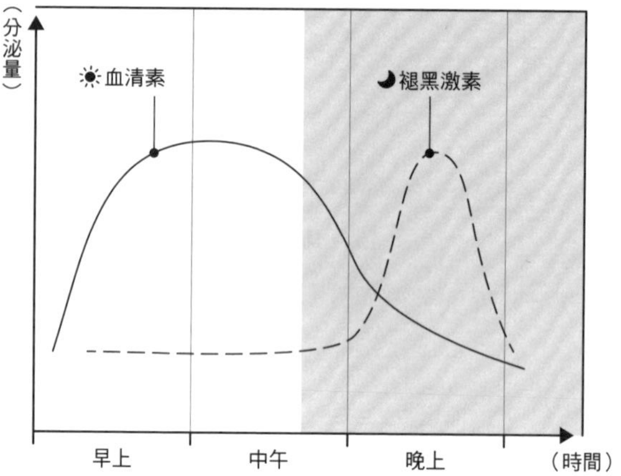

（資料來源：神田通信機官網）

圖39　褪黑激素是評估大腦老化程度的指標

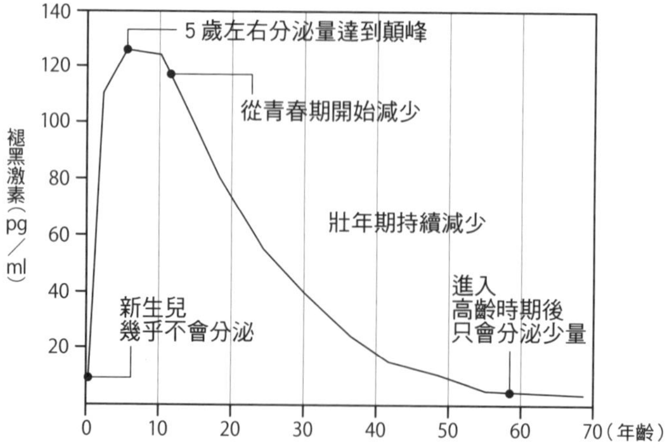

（資料來源：Melatonin: Your Body's Natural Wonder Drug, Bantam Books, 1995）

清素順利分泌（**圖38**）。

從年齡角度來看，褪黑激素的分泌量在約5歲時達到高峰，隨著年齡增長，自青春期開始逐漸減少，並在50歲後進一步下降，甚至降至高峰期的十分之一以下。（**圖39**）這可能導致晚上經常睡不好，或早晨醒來時感到疲憊等情況。因此，**褪黑激素也被視為衡量大腦老化程度的指標之一**。

自閉症類群障礙是由褪黑激素分泌不足引起的疾病之一。目前已知，自閉症患者在晝夜節律方面也會出現障礙，即使在夜間，褪黑激素的分泌量也明顯不足。

正如前面所述，由於褪黑激素是以血清素為原料合成，自閉症患者的血清素分泌量通常較低。這也是為什麼他們容易出現不安、憂鬱、恐慌和攻擊性等反應。

此外，自閉症中常見的過動、固著行為（表現為重複無明確目的的動作）、攻擊、自殘等行為，以及由額葉功能異常引起的高級腦功能障礙，都是由多巴胺不足所導致的症狀。另一方面，像是無法產生共鳴、難以辨識他人表情等溝通困難，則與催產素分泌不足有關。

若這些問題是先天存在的，建議可以從提升催產素和血清素入手，因為這兩種荷爾蒙可以透過生活中簡單可行的方式來增加分泌量。

要促進褪黑激素的分泌，可以從以下幾點著手：

- **養成規律的生活習慣**——調整生活節奏，有助於同步生理時鐘，促進褪黑激素分泌。
- **睡前營造昏暗環境**——昏暗的環境有助於促進褪黑激素分泌。建議睡前少使用智慧型手機等電子產品，並盡量將照明調暗。
- **早上曬曬陽光**——早上醒來後，打開窗簾，沐浴在陽光下，有助於重新校正生理時鐘。
- **避免攝取咖啡因與酒精**——咖啡因和酒精會妨礙褪黑激素的分泌，因此在睡前6～8小時內應盡量避免攝取含有咖啡因的飲品。酒精雖然有短暫的鎮靜效果，能促使睡意，但睡眠品質通常會下降，且睡眠會變得較為零碎且容易中斷。產生睡意是由於酒精的鎮靜作用，而非褪黑激素的增加所致。
- **飲食**——攝取富含色胺酸的食物有助於增加血清素，進而促進褪黑激素的分泌。
- **壓力管理**——皮質醇與褪黑激素都是調節生物節律的重要荷爾蒙，但兩者的作用恰好相反。早上皮質醇上升有助於讓大腦清醒，而到了夜晚，褪黑激素的分泌上升則會帶來睡意。因此，如果壓力在晚上未能有效釋放，體內將維持皮質醇過高、褪黑激素不足的狀態，這會導致難以入睡，或即使入睡也無法進入深層睡眠。因此，請務必在上床睡覺前，設法釋放累積的壓力。

【第 7 章】

每天都能實踐的幸福荷爾蒙提升法

○任何人都可以做到，能夠立刻帶來幸福感的方法

接下來，我想分享一些日常生活中可以實踐、促進幸福荷爾蒙分泌的習慣。

目前已知，這些行為不僅針對某一種特定的幸福荷爾蒙，而是能同時促進多種幸福荷爾蒙的分泌。只要在日常生活中稍微留意，將這些行為養成習慣，幸福感一定會有明顯的改善。而且，我特別挑選了「任何人都能做到」、「能夠立即帶來幸福感」的行為。

就算每天只抽出一點點時間也沒關係，請盡量安排進日常生活中，讓這些行為逐漸成為理所當然的一部分。「持續，就是力量」。

可能一開始會懶得做，或是暫時感覺不到效果也說不定。但如果就這樣放棄，那未免太可惜。畢竟，要讓大腦產生變化，本來就需要一點時間。

無論是哪一項，請**至少持續2週**。只要撐過這段時間，大腦就會開始出現變化，各位也會逐漸感受到每天的心情與身體狀況都在改變。

Let's try！

○有助於提升幸福感的運動

要想維持運動習慣，首先必須確實釐清自己為什麼想開始運動。是為了維持健康？還是為了減重？又或者是為了抒發壓力？根據目的不同，適合的運動方式與時間長度也會有所差異。但無論是哪一種目的，都得持續一段時間，才能達成目標。

本書的重點會放在運動如何提升幸福感，以及改善心理健康這個部分。以本書所提倡的順序「DOSE」（多巴胺、催產素、血清素、腦內啡）來說，第一步是設定目標，並將「我要完成這個目標」這件事銘記於心，以促使多巴胺分泌。

「盡量每天健走」這樣的目標當然也可以，但由於設定較為模糊，難以判斷是否已經達成。與其如此，不如訂下標準明確的目標，例如：「每週至少健走5次，每次30分鐘」。此外，也可以給自己一點小獎勵，像是「只要當天有散步，就可以喝啤酒」。

接著，記錄一週的運動次數，只要能完成5次，就再給自己一個更大的獎勵，例如「看自己喜歡的電影」等。

像這樣透過完成目標來獲得獎賞，就能同時獲得腦內啡和多巴胺。

不過，如果開始出現「唉……今天也要運動啊……」這種抗拒的感覺，反而會形成壓力。所以，應該把維持健康或抒發壓力當作目的，**選擇自己能樂在其中的適度運動**。

以我本人為例，基本上是以慢跑為主，但有時隔天會改做瑜珈，後天去騎腳踏車，藉此豐富運動行程，讓人能夠開心地持續下去。

另外補充一點，如果想如本書介紹的，靠運動本身獲得腦內啡的獎勵，並同時促進多巴胺分泌，就必須進行「跑步15～20分鐘」這類比較辛苦的運動。

高強度運動的確可以產生所謂的「跑者愉悅感」，讓人感到幸福。一九八二年，運動科學家法瑞爾等人就曾證實，在跑步機上跑步時，腦內啡的分泌會大幅提升。

也有研究指出，「跑者愉悅感」的來源是腦內啡，而且必須運動約15分鐘後，才會順利促進腦內啡的分泌。（※不過，近年的研究也有另一種說法，認為跑者愉悅感的來源可能不是腦內啡，而是大麻素。目前已有研究證實，跑步後血液中的大麻素濃度會上升，同時，大腦額葉的大麻素受體也會隨之增加。）

事實上，這種現象的背後，是因為長時間跑步會對身體造成壓力，導致心跳與血壓升高到危險程度，於是大腦將其判定為緊急狀況，為了保護身體才分泌出腦內啡，帶來一種恍惚般的愉悅感。

也就是說，這種極致的幸福感，本質上是「為了消除痛苦而產生的」。若是想體驗腦內啡帶來的極致幸福感，就勢必要進行一定強度、帶有痛苦感的運動。

當目的是為了增加腦內啡時，相較於運動量，運動的持續時間所帶來的影響更大。

不過可惜的是，如果每天都進行同樣的運動，長期下來，就算時間相同，腦內啡的分泌也會逐漸減少，甚至不再分泌。因為在日復一日的持續下，身體已經習慣，那就不再是一種「痛苦」的刺激。

至於運動的種類，有氧運動和無氧運動其實都可以，但像健走這類有氧運動，更能有效促進腦內啡的分泌。

此外，有氧運動在改善憂鬱症狀方面，也有顯著的效果。

美國精神科醫師布倫塔爾等人的研究顯示，持續進行1週的有氧運動，對症狀的改善效果與服用1週抗憂鬱藥的藥物療法相當，甚至復發率還比較低。這是因為有氧運動能夠增加血清素與多巴胺的分泌。

在緩解焦慮方面的效果也相當明顯，對於廣泛性焦慮症或恐慌症這類「焦慮敏感度」高的人尤其有幫助。原因在於，當人感到焦慮時，往往會出現心跳加快、呼吸變得輕淺急促等身體反應，而這些感覺在運動時也會出現。

人在經歷這些身體變化時，會被迫適應這樣的感覺，進而即使再次出現類似症狀，恐懼感也會逐漸減弱。

本書的建議，是希望養成每天運動的習慣，因此，不太推薦會導致腦內啡分泌的高強度運動。還是以「讓人感到開心、舒服的運動」為主會比較理想。

＊中高齡族群的運動建議

特別是對中高齡族群來說，進行輕度運動就已經足夠。即便腦內啡的分泌量不多，但只要進行輕度運動，血液中的含氧量就會增加，這些氧氣會傳送到大腦，讓人頭腦清晰，心情舒暢。

運動還會促使分泌一種有助於神經生長的物質，這種物質稱為「神經生長因子」，能在大腦中促進神經的發育，使各種神經細胞得以成長。因此，運動不只能促進海馬迴的血液循環，還會讓海馬迴的體積擴大，甚至在年長者身上，也觀察到前額葉的體積有所增加。

輕度運動也有助於延緩老化造成的腦部萎縮。

✽和同伴一起運動，也會帶來催產素的效果

要持之以恆地運動，並不是件簡單的事。在遇到寒冷的冬天或炎熱的夏天時，我自己也經常想要偷懶。為此，最好找個能夠一起運動的同伴或朋友。

和別人一起運動時，催產素也會分泌，不僅能減輕痛苦和煩躁感，還會讓人更有動力堅持下去。最近也有許多運動相關的APP，可以和同伴互相打氣、鼓勵彼此，也推薦大家善用這類應用程式來維持運動習慣。

與同伴一起運動，不只可以緩解運動帶來的痛苦，也會產生正面、積極的情緒。

當身體承受壓力時，會分泌壓力荷爾蒙皮質醇，隨著時間的推移，皮質醇會逐漸損害海馬迴的神經細胞。不過，運動可以緩和這一反應。

的確，運動本身對身體來說也是一種壓力，因此，在運動的當下，體內會分泌大量皮質醇。但運動結束後，皮質醇的分泌會即時停止。

在一日復一日的運動中，身體就會逐漸學會「何時該停止分泌皮質醇」。如此，在遇到壓力

時，這有助於防止皮質醇持續分泌。

催產素也有助於降低皮質醇的分泌。因此，**壓力愈大的時候，愈適合和朋友或同伴一起運動，如此便會發揮更強的紓壓效果。**

＊推薦的運動習慣

・每週累積約2小時的中等強度有氧運動（例如：快走）
・每週累積約1小時的高強度有氧運動（例如：慢跑、長跑、游泳）
・每週進行2次重訓

〈重點〉

・達成目標後，別忘了獎勵自己。
・每次運動後，在開始下次訓練前，請留出足夠的時間恢復身心狀態。
・試著找一位能夠支持你運動的朋友或家人。

○透過正念擺脫內心的混亂

每個人大腦中的神經迴路，都是隨著出生以來各種不同的經歷逐漸建立起來的。剛出生時，雖然神經細胞的數量很多，但彼此之間的連結仍然很淡薄，這些連結會隨著後天的經驗慢慢形成。到了2歲左右，那些從未使用過的神經細胞會消失（遭到淘汰），而經常使用的神經迴路則會保留下來，並進一步強化。因此，成年之後，大腦多半只會運用那些早已建立起來的神經迴路。

如果想建立新的神經迴路，讓自己變得更容易感受到幸福，該怎麼做呢？

首先，在發現自己有一些不太好的習慣時，要試著終止這些習慣。為了做到這一點，必須先找出是什麼刺激引發這些習慣，接著察覺自己是如何在無意識中對這些刺激做出反應，並練習不再自動跟著反應。

能夠停止這種「立即反應」的習慣，正是改變的第一步。

令人驚訝的是，大腦在面對壓力時，竟然還會啟動一種讓情況惡化的機制。這套機制，就是「記憶力」與「想像力」。這兩項能力原本應該是非常寶貴的，不是嗎？在正常發揮的狀況下，確實能展現出驚人的力量。

但也有失控的時候，這種現象稱為「思緒漫遊（mind wandering）」。人只要心情一低落，就很容易陷入過去的懊悔、對未來的擔憂，腦中開始反覆出現那些令人焦慮的念頭。久而久之，滿腦子就會充滿這些負面情緒與想法，壓力也隨之不斷累積。

這種狀態不僅可能引發憂鬱症狀，還會讓人進入長期的壓力循環，導致皮質醇過度分泌，從而對大腦造成損害。

要擺脫這樣的惡性循環，「正念」是一種效果顯著的方法。

正念的核心在於「透過體驗當下，重新訓練注意力」，也就是將注意力集中於舒適的感官經驗上，並培養一種能夠覺察正向情緒與愉悅感的後設認知。

所謂「後設認知」是指，能夠察覺自己正在感受的感覺、情緒，或此刻浮現的想法。舉例來說，假設你正在凝視眼前的花朵，將注意力集中於花朵悅目的色彩、香氣、觸感等五感所能感受到的一切，並品味這些刺激所引發的滿足與喜悅。又或者，你正牽著摯愛的手，感受掌心傳遞而來的溫暖與彼此之間的羈絆。

當人受到壓力影響時，大腦中與焦慮與壓力相關的杏仁核活動力會上升，而負責理性判斷的前額葉功能則會隨之下降。在這種狀態下，就算想理性思考，往往也會力不從心。

罹患憂鬱症或焦慮症的人，常會把眼前的情況看得比實際更糟，這種現象稱為「認知扭曲」。造成這種現象的根源是杏仁核過度活化，導致前額葉無法正常發揮功能。

遇到這種情況時，可以先將注意力放在呼吸上，轉向並接受當下的身體感受，藉此穩定過度活躍的杏仁核。如此一來，前額葉的功能也會慢慢恢復。

在此狀態下，面對現實就能冷靜掌握眼前的情況。或許會注意到，那些在壓力下被忽略的細節，並察覺自己當初把事情看得過於負面。甚至還會發現，自己對事物的理解方式，早已產生了負面偏差。

能夠正確理解自己與當下的處境，並妥善應對，最終就能減輕壓力。

研究也顯示，長期實踐正念的人，較不會出現杏仁核過度活化的情況。換句話說，**他們不會輕易被情緒牽著走，能夠冷靜地觀察周遭的狀況。**

此外，根據一項探討正念與幸福荷爾蒙之間關係的研究發現，**進行正念有助於提升多巴胺與血清素的分泌。**

多巴胺的增加會提高專注力，讓思考更靈活。血清素濃度上升，則使心理狀態更加穩定。血清素的代謝物褪黑激素也會增加，進而改善睡眠品質。

另一方面，壓力荷爾蒙中的皮質醇與正腎上腺素會降低，這也是壓力獲得緩解的原因之一。

＊一邊化妝一邊正念

正念的練習方式有很多種，詳細內容可參閱其他書籍。我個人遵循本書的宗旨「在享受其中的同時，隨時隨地都能輕鬆完成」，因此推薦在日常生活中自然融入正念的方式。

舉例來說，化妝或卸妝的時候，也可以同步進行正念練習。試著將注意力放在化妝時肌膚的觸感、手部動作等。透過這類有意識地引導注意力的練習，可以逐步提升對自己的感知，並讓人能以正面的態度接納自己，這樣的練習目前也被證實有助於改善與他人的關係。

此外，根據我自己的實驗，若一邊用雙手包覆臉部，一邊感受觸感進行練習，結果顯示，不僅催產素的分泌提升，皮膚的彈性、光澤與滋潤度也有所改善。

＊正念飲食

吃飯時也可以搭配正念練習來進行。大部分的人都有一日三餐的習慣，這些時間正好能拿來運用。

一般人在吃飯時，常常會下意識地覺得「不能浪費別人給的食物」，因此會依照提供的分量來衡量自己該吃多少。

可是仔細想想，除非是像醫院餐這種例外，大部分的分量其實都沒有明確依據，也沒有計算熱量。儘管如此，我們仍然會很自然地將那個分量當作基準。

仔細想想，這其實是件很奇怪的事。人在餐廳等場所用餐時，會以店家提供的份量作為標準，其實是根據「視覺上的提示」來判斷分量。

接下來要介紹一項有趣的研究，能具體呈現這個視覺基準有多強烈。

美國從事行銷研究的溫辛克等人，曾在餐廳進行一項實驗。他們提供受試者兩種湯碗，一種是普通的湯碗，另一種則是會從底部自動補湯的湯碗。後者的設計是，只要喝到一定程度，湯就會在受試者毫無察覺的情況下，從碗底慢慢補充。

研究團隊觀察每位受試者分別喝了多少湯後，結果顯示，相較於使用普通湯碗的組別，使用自動補湯碗的人平均多喝了73％。然而，當要求受試者估算自己喝了多少時，兩組給出的答案幾乎沒有差別。

從這項實驗可得知，人們在吃飯時，會受到「不能浪費別人給的食物」這種社會性規範的強烈影響。可能是因為擔心剩下食物，會讓店家認為自己覺得「這道菜不好吃」。

還有一個重點是，人在決定吃多少時，並不是依照體內傳遞出的「飽足感」訊號，而是根據「看起來有多少」（也就是提供的分量）這種視覺提示，也就是外在訊號來決定。

也正因為大多數人都是用這種方式吃飯，才會一不小心就攝取過量、吃得太多。即使是在超市或便利商店，一人份的便當也都是固定份量販售。一般來說，隨著年齡增長，所需的熱量會逐漸減少，女性所需的量通常也比男性來得少。所以，「一人份便當」對有些人來說可能剛剛好，但對其他人來說則可能太多，也可能太少。

為了維持身心健康，每個人都應該根據自己的「內在訊號」來判斷適合自己的攝取量。

這時「正念飲食」就可以派上用場。

以下是正念飲食的做法：

①將4粒葡萄乾放在盤子上，觀察其外觀與大小。
②深呼吸2～3次。
③用手指捏起，確認觸感。
④試著聞一聞氣味。
⑤將1粒葡萄乾放在舌頭上，不要咀嚼，體會其口感與風味。
⑥接著開始慢慢咀嚼，把注意力集中在口感與滋味上。
⑦慢慢吞下。
⑧第2粒與第3粒葡萄乾，也以相同方式進行。
⑨到第4粒葡萄乾，請判斷自己是否真的想吃。拿在手上，決定是否要吃下肚。
⑩試著思考自己為什麼會做出這個決定，了解決定的過程（腦中出現的想法或不安）。
⑪將注意力放回呼吸上，結束這個練習。

○按摩是實現幸福的有效手段

按摩是一種能有效提升幸福感的方式，幾乎適用於所有人。因為**透過按摩，可以同時促進4種幸福荷爾蒙的分泌。**

一開始會先分泌多巴胺與腦內啡。

根據針對老鼠所做的實驗可得知，只要在背部施加適度壓力進行按摩，就能促進多巴胺的分泌。不過，若是要按摩腹部，與其施加壓力，不如使用輕柔的刺激，更有助於多巴胺的分泌。

一般認為，這是因為腹部一旦像背部一樣受到較大的壓力，會連帶刺激到內臟，從而削弱皮膚所受到的刺激效果。這點在人類身上也是如此。

這類針對背部的按摩，在世界各地各種按摩技術中都很常見，例如依沙蘭按摩（Esalen Massage，精油按摩的一種），能夠帶來愉悅感。

像這樣緩慢而溫柔的皮膚刺激，會促使腦內啡分泌，提升舒適感，同時也會促進多巴胺的分泌，讓人產生「還想再繼續」的渴望。

腦內啡是一種能減輕身心痛苦的荷爾蒙，對正處於壓力或不適狀態的人來說，按摩的效果會更加明顯。實際上，曾經感到孤單不安的猴子，在接受同伴理毛之後，牠們大腦中的腦內啡濃度會上升，進而緩和痛苦感。

按摩約10分鐘後，催產素與血清素會開始分泌。

人類的皮膚內分布著一種名為「C觸覺纖維」的神經，當受到溫柔、緩慢的刺激時，訊號會傳遞至大腦，促使催產素分泌。即使在麻醉狀態下，或僅僅是受到空氣接觸的刺激，也會有所反應。因此，就算不按摩、也不論觸碰的人是誰，只要皮膚受到刺激，催產素就會分泌。

催產素有助於緩解壓力、疼痛與不適，並促進與對方之間的親密感。此外，按摩時皮膚所感受到的節奏性觸感，有助於緩解不安，穩定情緒，這代表血清素正在發揮作用。

接下來，當血清素進一步代謝為褪黑激素時，便會開始產生睡意。即使在按摩時睡著，大腦依然能接收到這些刺激，因此仍能發揮出充分的效果。

皮膚中有一種能夠改善膚況的細胞，名為「纖維母細胞」。這些細胞上分布著大量的催產素受體。當催產素與這些受體結合時，會促使有助於改善膚況的物質分泌，例如膠原蛋白、玻尿酸等，進一步強化皮膚的防護功能。

實驗指出，即使只是輕輕撫摸皮膚，也足以活化這些受體。自我按摩同樣具備改善膚況的潛力。

＊自我按摩

按摩有助於舒緩身心，但若想要按摩，通常都得專程前往美容沙龍或按摩店。即使想在家中體驗效果，也必須要有人幫忙。

在這裡，我推薦的方法是**「自我觸碰」**。自我碰觸有多種方式，無論採用哪一種，都能**立即舒緩壓力與焦慮**。若能持續進行，也有助於培養溫柔看待自己、珍惜自己的心態。

我的研究發現，**當人懷著體貼自己的心情，緩慢撫摸身體時，心中那股溫柔與憐愛，也就是所謂的「自我疼惜」，會自然地浮現。**

研究團隊以大學生為對象，讓他們在感受到壓力的情境下，進行兩種不同方式的自我觸碰練習。一是用「像在觸碰重要之人那樣的方式去觸碰自己」，另一種則是「像被重要之人溫柔觸碰般的方式來觸碰自己」。結果顯示，這兩種方式都能提升自我疼惜的感受，並緩解壓力。

在這類自我觸碰的實踐中，觸碰時所抱持的心情格外重要。即使只是對自己說句「沒事的」、

「在這種情況下，誰都會心情不好」等，單憑這種體諒自己的心情，就能提升自我疼惜的感受。若在此基礎上，再溫柔地觸碰自己，透過輕柔的觸感，便能帶來雙重效果。

這樣的原則也適用於觸碰重要的人。換言之，當你想安慰重要的人，或想透過觸碰表達關愛時，若沒有帶著關懷的心情去觸碰，便無法將心情傳遞給對方。

觸碰本身就是一種極為敏感的交流方式。單純接觸和懷抱著體貼的心情去觸碰，在對方心中所留下的感受會截然不同。

＊自我觸碰的方式

最後要介紹的是4種自我觸碰的方法，各位可依照不同的情境與目的靈活運用。

①蝴蝶擁抱法（Butterfly Hug）

當人經歷強烈壓力或創傷事件時，這是一種能快速減緩衝擊的方法。

「蝴蝶擁抱法」的做法是：雙手交叉放在胸前，輪流輕拍、刺激左右鎖骨下方的位置。

這原本是作為ＥＭＤＲ（眼動減敏與歷程更新療法）的一部分。ＥＭＤＲ是藉由讓眼睛左右移動，來處理創傷經驗的方法。蝴蝶擁抱法與EMDR相同，都是透過對身體左右兩側交替施加觸覺刺激，讓左右大腦半球輪流受到刺激，進而達到平衡，發揮效果。

此外，由於動作本身也像是在擁抱自己，因此會帶來如同被他人擁抱般的安心感。

②舒緩觸碰法（Soothing Touch）

當陷入自我厭惡、情緒低落時，這是一種能療癒自己的方式。

假如親近的朋友遭遇重大挫敗，感到沮喪時，我們大多會安慰對方：「沒事的，一切都會好轉，別太自責」，並輕輕地拍拍對方。

但若今天犯錯的是自己，各位會怎麼做呢？想必有許多人會自責地想：「怎麼會犯這種錯，我是智障嗎？」

但那樣只會讓自己更受傷、情緒更低落。這時候，請像安慰摯友時那樣，對自己說些溫柔的話，並輕輕碰觸自己。如此一來，一定能帶來安慰，也會讓人重新鼓起勇氣。

「舒緩觸碰法」是像觸碰重要之人那樣，溫柔地撫摸自己。方法有很多種，例如輕輕抱住自己、用雙手捧住臉頰、坐著時抱住雙膝（像體育課常見的坐姿），或是將雙手放在胸口上等。

請找出對自己來說最安心、最能穩定情緒的方法。只要花個5～10分鐘，一邊說些體貼的話語，一邊輕輕碰觸自己，就能促進催產素分泌，讓情緒慢慢穩定下來。

若能天天持續練習，自我疼惜的能力也會提升，抗壓性自然也會變得更高。

③自我敲擊法（Self-tapping）

推薦在因壓力而感到煩躁、沮喪時採取的一種方法。

「敲擊法」是指用指尖輕敲身體，方法有很多種。無論是哪一種，只要帶來舒服的觸覺刺激，就能促進血清素與催產素分泌，進一步緩和壓力與不安。

調整敲擊的節奏，效果也會有所不同。如果以1秒鐘，左右輪流各敲一下的速度進行，會促進血清素分泌，有助於放鬆身心。若加快節奏，則會促進腎上腺素分泌，提高清醒程度，讓人感到神清氣爽。

像是早上起床後，或工作中稍作休息等時候，建議使用快速敲擊法。相對地，若想在入睡前放鬆身體，則推薦選擇節奏緩慢的敲擊。至於敲擊的位置，可以選擇頭部、臉部、手臂、腹部等區域。

④額頭敲擊法（Forehead Tapping）

當煩躁或焦慮湧上心頭時，這是一種能快速見效的方法。

這項方法是由美國塔夫茲大學的羅伯斯所開發。

當人感受到壓力或煩躁時，大腦中負責「暫時儲存與處理作業和行動所需資訊」的工作記憶，會被壓力塞滿。

舉例來說，「明明有一堆該做的工作，卻遲遲沒著手處理」、「都已經拚命工作了卻感覺一點都沒減少」，或是「明明很想吃某樣食物卻吃不到」等，這些心裡的糾結，會占據工作記憶的空間。

在這種情況下，進行「額頭敲擊法」（用五根手指輕敲額頭），能讓這些刺激占據工作記憶。由於工作記憶的容量有限，當有大量訊息湧入時，大腦會把空間分配給較新的訊息，進而把原本的想法「擠出去」。也就是說，當原先造成壓力的想法被趕出工作記憶後，大腦和心理狀態也會變得輕鬆清明。

○刷牙會提升幸福感

女性在一生中會經歷月經、懷孕、更年期等階段，體內的荷爾蒙濃度也會隨之產生劇烈變化。

然而，這些變化與口腔疾病之間的關聯，其實鮮為人知。

舉例來說，女性進入更年期後，常會出現睡眠障礙、憂鬱情緒、焦躁不安等多種身心症狀。同時，口腔方面也會出現各種影響，例如黏膜變薄、菌叢組成改變、支撐牙齒的齒槽骨礦物質密度降低等。

所謂的牙周病，是指支撐牙齒周圍組織的牙齦發生慢性發炎，主要由牙齦內的細菌叢失調所引起。當齒槽骨被吸收，甚至可能導致牙齒脫落。

研究也指出，牙周病與憂鬱症之間有關聯性。

那麼，兩者之間的因果關係究竟是什麼呢？是因為憂鬱症導致牙周病，還是牙周病引發憂鬱症？來自臺灣的研究團隊進行了一項大規模的追蹤調查，結果發現，是牙周病提高罹患憂鬱症的風險（**圖40**）。

研究結果指出，與沒有牙周病的人相比，**牙周病患者罹患憂鬱症的比例高出1.6倍至1.8倍**。推測可能的原因是，牙周病會使全身免疫功能紊亂，進而抑制血清素的生成。

圖40　牙周病會提高罹患憂鬱症的風險

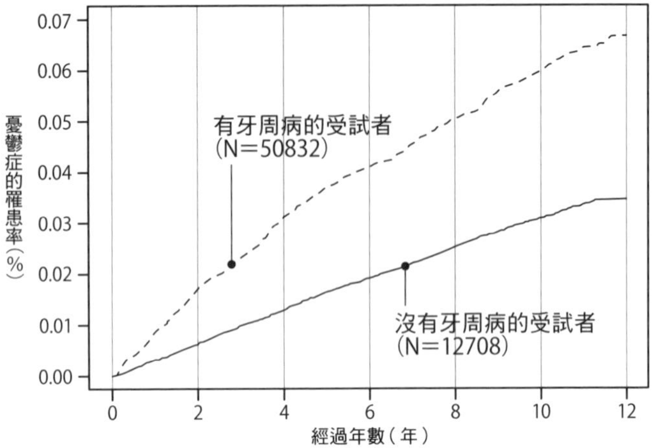

（資料來源：引用自Hsu, C. C. et al., 2005）

要預防牙周病，可以從哪裡開始著手呢？

英國朴昭怡等人組成的研究團隊發現，催產素具有預防牙周病的效果。催產素參與牙齒細胞的代謝過程，並有助於促進骨骼生成。因此，催產素能預防牙周病引起的齒槽骨吸收，同時減緩氧化壓力和發炎反應。目前，催產素被視為具有潛力的牙周病治療藥物，並受到廣泛關注。

要預防牙周病，關鍵仍然在於刷牙。不過，若能將日常刷牙的習慣與本書所介紹的方法結合，也有機會發揮出提升幸福感的雙重效果。

刷牙時，請試著將注意力放在「自己現在正在刷哪個部位」，這樣的做法也能成為正念

圖41　提升幸福感的刷牙法

1

將牙刷以約45度的角度，對準牙齒與牙齦之間的縫隙，橫向輕微震動刷動。

2

將牙刷垂直貼合牙齒表面，讓刷毛深入牙齒與牙齦之間，同樣以小幅度震動方式清潔。

3

像門牙內側或牙齒凹凸不平的區域，請將牙刷縱向貼齒刷洗。

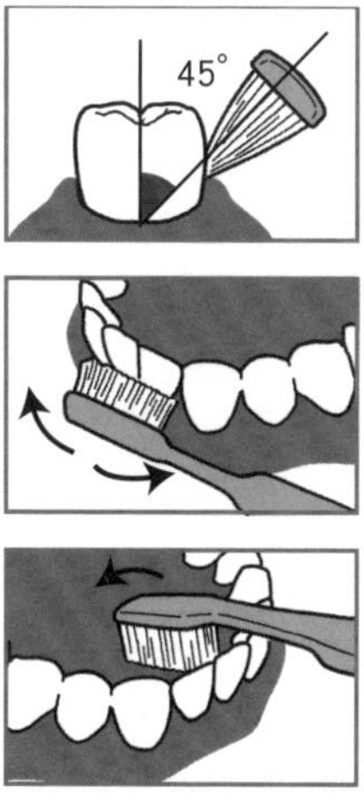

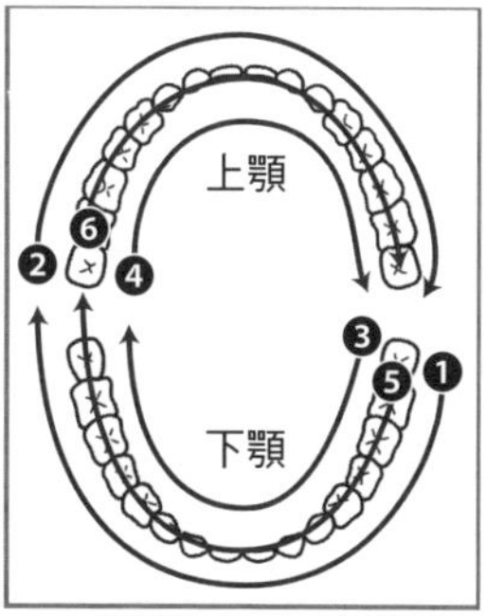

4

就像一筆畫那樣，依照固定順序刷牙，能減少漏刷的部位。

（引用自くすりと健康の情報局〔第一三共ヘルスケア〕）

訓練的一部分。

①慢慢地將牙膏擠在牙刷上。

②將牙膏放在鼻子底下，聞聞其氣味。

③將牙刷慢慢放在牙齒與牙齦交界處，仔細感受刷毛觸感。

④刷牙時要在一個地方來回刷動約10次。

⑤依照**圖41**所示的步驟，按照外側、內側、咬合面的順序，一邊留意所有牙齒一邊刷牙。

⑥若腦中浮現其他雜念，先將注意力轉向那些想法，接著再從中斷處繼續刷牙。

請按照**圖41**的順序，一步步地用心完成整個過程。

刷牙這件事，基本上每天至少會做1次，也有人會在三餐後刷牙。只要善用刷牙時間進行正念訓練，就能在不額外安排時間的情況下，有效鍛鍊「控制注意力」的能力。

此外，刷牙時最重要的一件事就是按摩牙齦。這其實也是一種「自我按摩」。只要有意識地以輕柔、舒服的方式刺激牙齦，不僅能促進催產素的分泌，還可以獲得自我按摩的效果。

像這樣結合提升幸福感的刷牙方式，便能創造出雙重，甚至是三重的效果。

【第8章】

提升幸福感的生活方式

○工作＝壓力？

工作等於壓力嗎？其實，工作是否會帶來幸福感，取決於我們做事的方式與看待工作的角度。以下將說明工作與4種幸福荷爾蒙之間的關係。

首先是多巴胺。

當我們設定目標，並努力朝著完成邁進時，就會促進多巴胺的分泌。尤其是在進行的過程中感到「有趣」或「好玩」的時候，分泌量會更多。也許有人會忍不住吐槽「工作怎麼可能會有趣」。

如果有這個想法，不妨試著讓自己「稍微享受一點」。就算是單調乏味的工作，也可以先設定一個目標，例如「今天要在1小時內完成這段進度」等。為了達成目標，多巴胺自然會分泌，並使人打起精神。

如果有一項大型任務落在自己頭上，可以先將其拆解成多個小任務，效果會更好。

大任務若原封不動地擺在眼前，反而會讓人提不起幹勁。但只要將其拆解成一個個清晰可見的小目標，就比較能著手執行，也更容易完成，並找回幹勁。這是促進多巴胺分泌的一個方法。完成每個小步驟後，也請記得好好獎勵自己一下。

如果面對的是一個壓力沉重的重要任務，可以試著運用「預期性因應（Anticipatory coping）」。這是一種轉換思考方式的方法，將艱鉅的任務視為提升自我能力的挑戰機會，抱持著挑戰的精神接受。同時，預先設想可能遇到的困難，並事先做好準備，有助於順利完成任務。

如此一來，就不是等遇到困難後才想辦法處理的「應對式因應」（應對壓力的方法），而是能夠事先做好準備，提前思考可能的對策，有助於減少壓力來源，並積極投入行動。

無論是工作還是課業，都是如此。據說只要同時具備「能夠發揮自身能力」與「成功機率約五五波」這兩個條件，就比較容易進入所謂的「心流狀態」。

「心流狀態」是美國心理學家契克森米哈伊・米哈伊所提出的概念，指的是一個人全神貫注於某件事上，進入忘我、投入、沉浸的境界，彷彿時間一轉眼就過去的心理狀態（**圖42**）。

經過研究發現，**經常進入心流狀態的人，也更容易感受到幸福感。**

如果任務過於簡單、缺乏挑戰，只會讓人覺得無聊，就算完成也不會產生成就感。相反地，如果挑戰的難度明顯超出自己的能力範圍，擔憂與焦慮會占上風，導致根本提不起勁。

圖42　挑戰程度與能力水準的組合，會導致不同的心理狀態

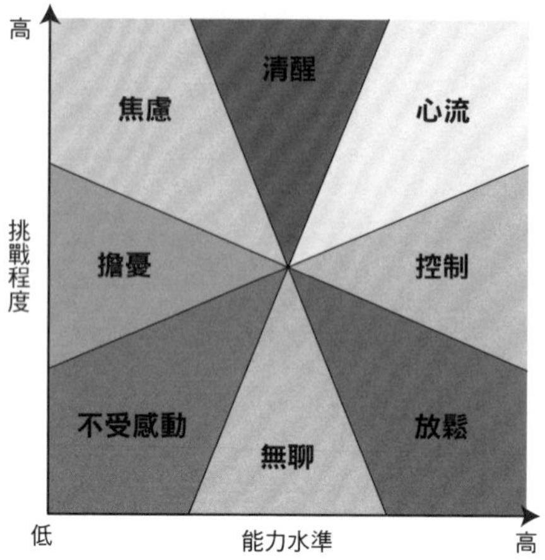

（資料來源：引用自 Csikszentmihalyi, M. (1997)）

因此，將目標難度設定為「只要稍微努力，或許就能辦到」的程度時，最能激發幹勁，也更容易進入心流狀態。

當成功達成目標時，腦內啡便會作為獎賞分泌。

腦內啡會帶來一種自我陶醉般的情緒，讓人覺得「開心」或「幸福」。即使當下未能如願完成目標，導致心情低落，腦內啡仍能成為支持自己繼續努力的能量來源。

休息時間，推薦與同事一同到戶外走走。尤其是邊曬太陽、邊伸展肌肉的散步，效果更加顯著。搭配幾次短促且深層的呼吸，不只能促進腦內啡的分泌，還有助於血清素的產生。

此外，在休息時吃點心，也可以試著實踐正念飲食。若能細細品嚐甜食的風味，還能促進催產素的分泌。

因為遭到上司責備，或是不小心犯錯而感受到巨大壓力時，透過自我觸碰讓心情恢復平穩，也是一種有效的調適方式。

○懂得感恩

懷抱感恩的心情，能促進多巴胺、催產素與血清素的分泌，從而提升幸福感，增進身心健康。

戴爾・卡內基（Dale Carnegie，一八八八～一九五五）曾表示：「懷著真誠的感謝之情度過每一天，是結交朋友、感動他人的訣竅。」

在日本，「感謝」也是有助於職場人際關係的重要態度。表示感謝的人，是因為對方曾提供幫助或實際的好處，而由衷產生感激之情；收到感謝的一方，則會因為「自己所做的事讓對方感到開心」而感到愉悅。

如此一來，無論是表達感謝的人，或是收到感謝的人，體內的催產素分泌都會增加。

在催產素的作用下，彼此之間的信任關係也會更加穩固。

表示感謝的人，往往會對幫助過自己的人產生「想要回報」的念頭，並實際付諸行動。不僅如此，這份善意還會延伸到其他人身上，讓人也想為身邊的其他人做些什麼。於是，這樣的「感謝循環」便會在職場中不斷擴展開來。

當整個職場充滿感謝的話語時，整體氣氛會變得更加和諧、令人安心，也更能讓人感到內心平靜。研究也指出，在這樣的環境裡，人際關係上的困擾會減少，能把更多精力投注在工作上，因此能提高專注力與生產效率，對工作的滿意度也會跟著上升。

「感謝」對健康也有良好的影響。

美國心理學家麥克拉提等人曾針對「感謝與心跳數的關聯」進行研究（圖43）。圖表的橫軸顯示從第零秒到第100秒，受試者在腦中回想過去曾經產生糾結的事件，此時心跳較為急促；從第100秒開始，請他們在心中想著「感恩」，結果發現，**光是轉換成感謝的情緒，心跳就會趨於平穩**。

一般認為，這是催產素發揮作用所致。催產素能促進副交感神經的活性，有助於放鬆情緒。

不過，光是感謝他人，或受到他人的感謝，並不一定會直接提升幸福感。因此，接下來要介紹

圖43　回想糾結時與心懷感謝時的心跳變化

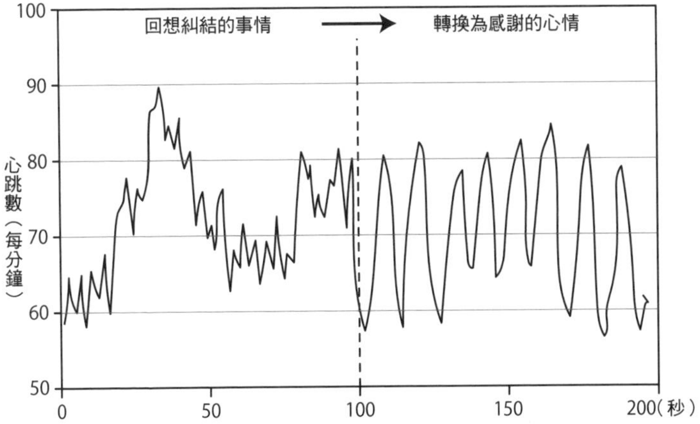

（資料來源：McCraty, R. & Childre, D., (2004)）

一種最直接有效、能提升幸福感的「感謝法」。

首先，每週至少1次，主動回想「有哪些值得感謝的事」。比方說，有同事幫忙一起加班。但在這種情境下，尤其是日本人，除了覺得感激，往往還會一併浮現負面情緒，像是「竟然讓對方這麼辛苦，真是很不好意思」、「真的對他很抱歉」等。

當感謝的心情夾雜著負面情緒時，就會與幸福感相互抵消。因此，在回想那些值得感謝的事情時，請將焦點放在「對方幫忙加班」這件事本身，而非對方身上。

第二點，要把感謝的心情確實傳達給對方。單單心懷感激，若沒有表達出來，人際關係並不會因此產生任何改變。

表達感謝的方法有很多，其中最直接的就是用言語說出口。比起說「不好意思」這類偏向道歉的話語，直接說出「謝謝」更能打動人心。如果覺得開口說出來有些不好意思，也可以改用電子郵件等方式傳達心意。

最後，也是最重要的一點，實際去做「值得他人感謝的行為」，才是最能提升幸福感的方法。

正如前文所述，對日本人來說，當心中浮現感謝的同時，常會不自覺夾雜些許負面情緒，從而導致催產素分泌減少。但若成為「收到感謝的那一方」，通常不會出現負面情緒。聽到對方說「謝謝你」，大多數人都會真心感到開心，也會因「這樣的自己」而感到驕傲，自尊心也隨之提升。

這種經驗，正是提高幸福感的最有效方法。如果你也希望成為那個「得到感謝的人」，就從主動做些對他人有益的事開始吧。

◯收入能提高幸福感嗎？

你想成為有錢人嗎？相信幾乎所有人都會回答「想」。不過，年收入與幸福之間的關係，實際上並沒有那麼單純。

心理學家布瑞克曼與坎貝爾曾做過一項研究，結果顯示，**經濟成長與人們的幸福並沒有明確的關聯，這種現象稱為「幸福悖論（paradoxes of happiness）」**，並因此引發全球對此議題的廣泛研究。

根據日本的調查，在個人年收入方面，只要未滿九百萬日圓，收入愈高，幸福感也會同步提升；然而，一旦超過這個數字，就會趨於停滯。若是以家庭年收入來看，分界線大約落在一千五百萬日圓。不過，這類數據在不同研究中會出現顯著差異，因為受訪者的回答會受到問題設計方式的影響。

圖44是我的調查結果。幸福感以0（完全不幸福）到10（非常幸福）作為評分基準。調查顯示，年收不到一百萬日圓的人，其幸福感得分最低（3.9分）；而幸福感最高的族群，是年收入介於一千五百萬到一千八百萬日圓之間的人。整體而言，隨著收入增加，幸福感大致呈現上升趨勢，但超過一千八百萬日圓，幸福感反而會下降。由此可見，只要能維持一定程度的寬裕生活，再多的收入也不見得能帶來更多幸福感。

圖44　年收入與幸福感的關係

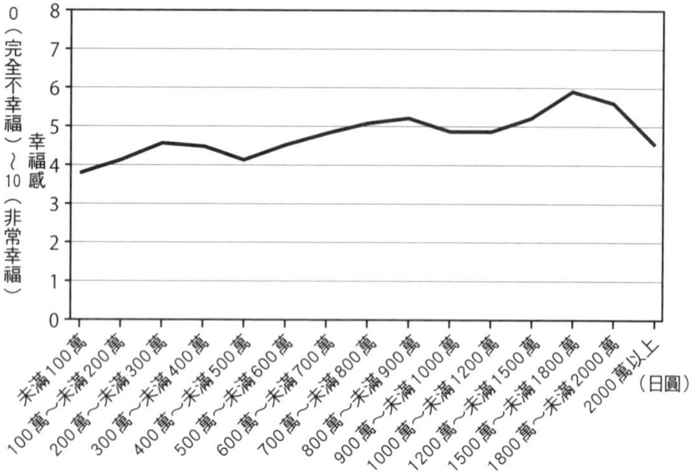

即便如此，認為「收入愈高愈幸福」的人還是很多。不過，兩者的關係並不單純。研究指出，左右幸福感的關鍵，除了個人收入的「絕對水準」，還包括「和自己社會經濟地位相近的人相比，其收入是否相對較高」這種相對性。

這個現象稱為「相對收入假說（relative income hypothesis）」。舉例來說，就算自己的年收入提高，但如果身邊從事類似工作的人收入增加更多，幸福感反而可能會下降。

日本大阪大學的筒井義郎，利用「COE問卷調查（二〇〇八年版）」中「你認為周遭大多數家庭的年所得約是多少？」的回答結果，將其視為「參照所得」（即作為比較依據的收入基準），用來驗證相對收入假說。

結果顯示，由絕對所得增加所帶來的幸福感，有一半以上會被參照所得的提升所削弱。

以收入從五百萬日圓提升到九百萬日圓，增加四百萬日圓的人為例。

假設身邊的人，年收入從五百萬日圓提升到七百萬日圓，也就是增加了兩百萬日圓。在這種情況下，即使自己的收入增加了四百萬日圓，實際感受到的幸福感，也只相當於增加了兩百萬日圓。

也就是說，幸福感的高低，與其說取決於絕對收入，倒不如說更容易受到與他人比較的影響。

不過，在設定「參照所得」時必須特別留意，人往往會高估同學或同儕的收入水準。

於是，就會產生「自己賺得比較少」的錯覺，結果也更難感受到幸福。這正是第113頁所提到的「社會比較」。

透過和他人比較來衡量幸福，說穿了，只會帶來空虛感，根本毫無意義。

與其做這種事，不如從工作中找到價值與成就感，藉此體會幸福，更能感受到穩固的幸福感。

希望我們都能夠「抬頭挺胸」地向自己說明，自己的工作有什麼意義，又有多重要。我在這裡用了「抬頭挺胸」這個詞彙，因為這個動作代表一種自豪感，有助於促進血清素的分泌。

○工作類型與居住環境會如何影響幸福感？

不同職業的幸福感會有所差異嗎？

圖45為我針對此議題進行的問卷調查結果。從圖中可見，「醫師／醫療相關從業人員」與「企業經營者／高階主管」的幸福感尤為突出。此外，「公務員（不含教職員）」的幸福感也相對較高。幸福感相對較低的職業包括「自由工作者」、「約聘／派遣人員」及「計時／兼職工作者」。

當然，如先前所述，幸福感與收入有一定程度的關聯，因此這些差異或許不全然是「職業」本身的影響，更有可能來自於「收入的差距」。

不過，若從另一個重要角度來看，這份數據也顯示了「是否穩定」這一條件的影響。

同樣是公司職員，「正職員工」的幸福感遠高於「派遣人員」與「計時人員／兼職工作者」，而「自由工作者」的幸福感則為最低。

由此可見，若要提升幸福感，擁有一份「穩定的工作」或許也是不可忽視的條件之一。

畢竟，生活穩定、沒有對未來的不安，就會促進血清素的分泌。

此「穩定／不穩定」的觀點，也同樣適用於居住型態。

圖45　職業與幸福感

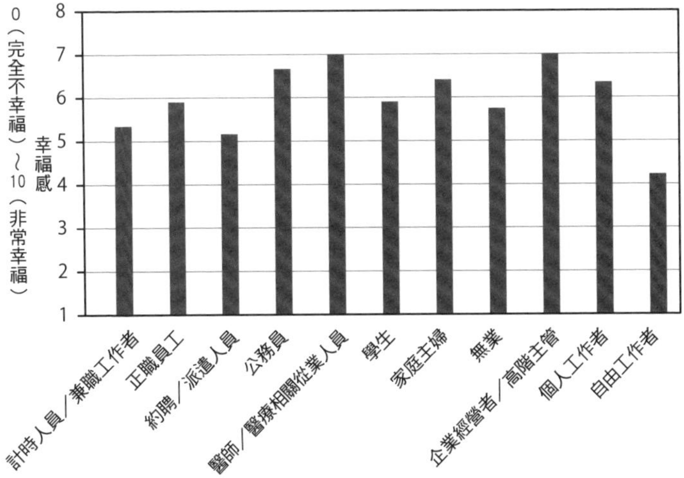

圖46　居住型態與幸福感

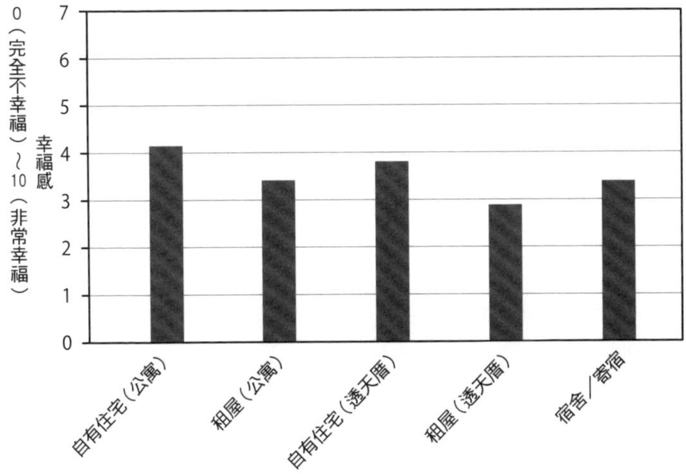

圖47　工作與生活的平衡（外溢效果與跨界效應）

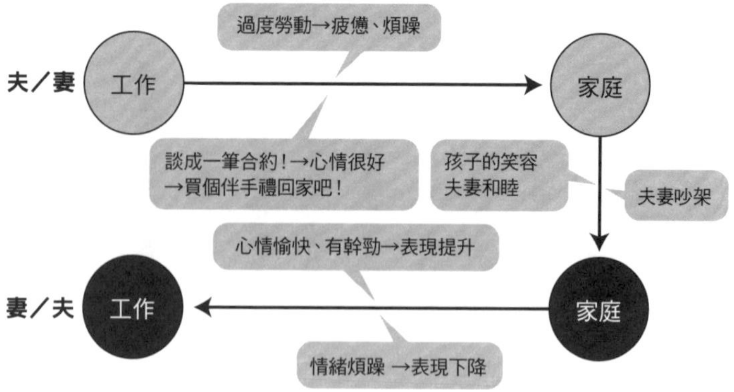

外溢效應（spillover effect）：工作 →家庭、家庭→工作（包含情緒、價值觀、技能、行為等）
跨界效應（crossover effect）：個人⇄個人之間的影響

（資料來源：ベネッセ教育研究所官網）

如圖46所示，即使都住在公寓，擁有自有住宅的人，其幸福感會高於租屋者，此外，住在透天厝的情況也呈現相同的傾向。

○調整工作與生活的平衡

接著來看看工作與家庭的關係（圖47）。

工作與家庭生活，其實很難劃出明確的界線。

舉例來說，如圖中箭頭外側所示，在工作上遇到不愉快的事情時，很可能會把情緒帶回家，導致心情煩躁，甚至演變成夫妻吵架。這類影響稱為「外溢效果（spillover effect）」。同樣的道理，若是夫妻在家出現摩擦，也可能會把壓力帶到職場上，導致煩躁不已，進而影響到工作表現。

不過，如圖中箭頭內側所示，外溢效果也可能帶來正面影響。換言之，工作上有好的進展，會使家庭氣氛更加和樂，而這樣的正向狀態又能進一步回饋到工作上，形成良性循環。

此外，當工作的影響反映到家庭中的夫妻關係或親子關係上時，這種現象稱為「跨界效應（crossover effect）」。

若想透過運動來排解工作壓力，有時反而會適得其反。因為運動會促使皮質醇與睪固酮分泌，使交感神經占據優勢，結果可能讓人變得更焦躁或情緒激動，反而對家庭氣氛造成不良影響。

同樣地，靠著下班後喝一杯來消除壓力，也可能產生類似的情況。

這種時候，與其採取這些方式，不如參考**圖13**中的蹺蹺板，選擇加強與「當下此刻」相關的荷爾蒙，會更為理想。

以下列出推薦的方法。

①正念練習

下班途中或回家獨處時，請試著將注意力轉向自己的想法與情緒，留意當下的內在狀態。這麼做的話，可能會察覺「原來我這麼憤怒」、「我居然在腦中想懲罰主管」之類的想法，進而與這些情緒拉開距離。如此一來，就不會再被怒氣或煩躁情緒牽著走，也能慢慢恢復冷靜。

②自我觸碰

尤其推薦「舒緩觸碰法」。下班回家後，請溫柔地撫摸自己，好好慰勞辛苦一天的自己，絕對不要責備自己。一邊珍惜地對自己說「這又不是我的錯」、「都被那樣罵了，心情當然會不好」，一邊輕柔地觸碰身體，效果會更顯著。

當催產素因此上升、內心充滿憐愛之情時，自然也就不會把情緒發洩在他人身上。到了隔天，也能重新振作，回到工作崗位。

③支持與身體接觸

將在工作上遇到的不愉快坦白地告訴伴侶，也是一件很重要的事。只要對方真心傾聽，並給予理解與共鳴，體內就會分泌催產素、腦內啡與血清素。像這樣，當你確信身邊有個理解自己、願意支持自己的人時，便會有種受到鼓舞的感覺，也會冷靜下來，重新打起精神。

如果家中有嬰兒，或是狗、貓等寵物，回家後不妨試著輕輕抱抱嬰兒，或溫柔地撫摸寵物。如此，催產素就會上升，內心也會平靜許多。不過，只要心裡稍微有點擔心自己可能會對嬰兒或寵物太粗暴，就先不要碰比較好。

④宣洩壓力

獨自一人去卡拉ＯＫ，盡情大唱，或是去看場喜劇表演，大笑一場，也可以選擇偷偷躲起來哭，這些都是不錯的方式。經由這些行動促進腦內啡分泌，就能撫平內心的痛苦，讓人神清氣爽，也比較不會把壓力帶回家裡。

○能夠建立正向心態的人與無法做到的人

到目前為止，已介紹了多種從工作中獲得幸福的方法，以及釋放壓力的方式。不過，即使介紹了這麼多方法，真正付諸實行的人終究還是有限。有些人願意嘗試實行，是因為他們內心深處抱持著這樣的想法：「幸福可以靠自己去爭取。即使現在還不幸福，隨著自己的成長，總有一天會擁有幸福。」

相對地，選擇什麼都不做的人，往往是因為認定「幸福取決於遺傳或成長環境，與自己的努力無關」。

然而，從眾多研究結果可得知，無論是工作還是讀書，都可以透過努力與成長來改變。而且抱持這種信念的人，通常也有更多親近的朋友，會從人際關係中感受到幸福，身心也比較健康。

美國心理學家克拉姆等人針對「運動與工作之間的關係」進行了一項研究。研究對象為84位擔任飯店房務員的女性員工，並將她們分成兩組。

研究人員告知A組成員「清潔飯店客房的工作本身就是一種良好的運動，甚至符合美國公共衛生署建議的日常活動量」，刻意強調這份工作的運動價值。相對地，B組則未獲得任何訊息。

4週後，A組的實際運動量沒有增加，飲食習慣也沒有改變，但與B組相比，她們的體重、血壓、體脂肪、腰臀比與BMI（身體質量指數）都有所下降。

這項實驗顯示，只要轉換心態，認為「自己的工作對健康有幫助」，身體狀況確實能朝更好的方向發展。

事實上，擁有「成長型心態」的人，往往會更樂觀看待未來，並相信自己終將能夠成功。相反地，陷入憂鬱狀態的人，則可能會深信「目前的不幸無法改變」，對現狀感到絕望。

圖48　身體活動的指標

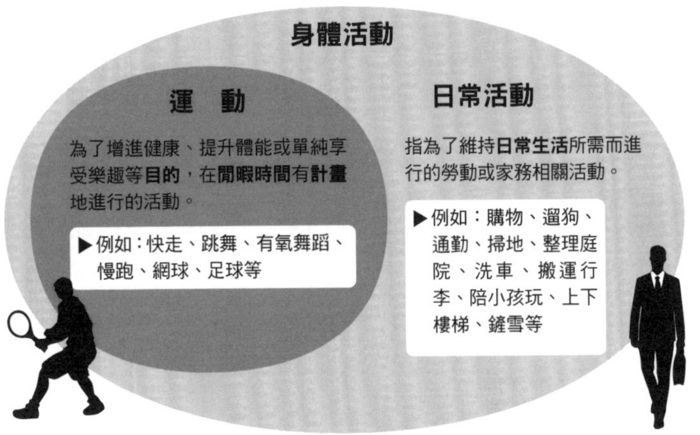
身體活動
運　動
為了增進健康、提升體能或單純享受樂趣等目的，在閒暇時間有計畫地進行的活動。
▶例如：快走、跳舞、有氧舞蹈、慢跑、網球、足球等
日常活動
指為了維持日常生活所需而進行的勞動或家務相關活動。
▶例如：購物、遛狗、通勤、掃地、整理庭院、洗車、搬運行李、陪小孩玩、上下樓梯、鏟雪等

（資料來源：厚生勞動省官網「針對18至64歲族群的身體活動指引（Active Guide）」）

結果不僅無法主動追求幸福，甚至可能完全無法察覺到，原本就存在於生活中的幸福。

○提升幸福感的日常生活小技巧

運動的確能夠提升幸福感，並有助於改善健康狀況。然而，對大多數人來說，「沒有時間」或是「三分鐘熱度」等理由，讓長期持續運動變得非常困難。

這種情況下，即使只是增加日常生活中的身體活動，也能帶來不容小覷的效果（圖48）。

美國田納西健康科學中心的拉提娜等人，首先開發了一款智慧型手機APP，並針對下載這款APP的使用者，隨機發送有關當下幸福感與情緒狀態的問卷，請他們協助

圖49　身體活動量愈高，幸福感愈高

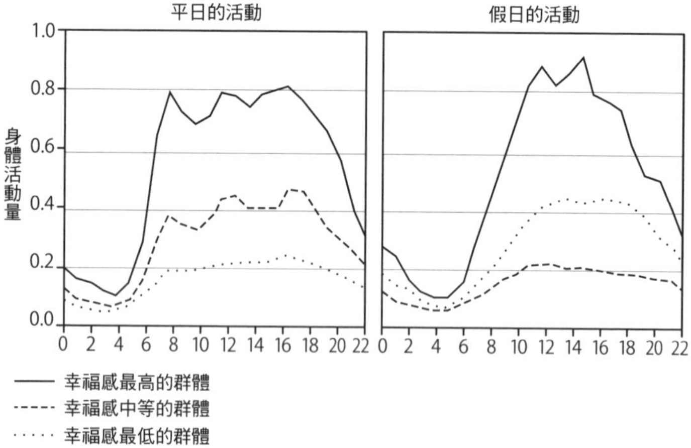

（資料來源：Lathia, N., et al.,2017）

作答。

同時，他們也詢問使用者在問卷發送前的15分鐘內進行了哪些活動，例如「是在走路嗎？」或「是在睡覺嗎？」等，並要求使用者回傳透過手機測得的身體活動數據。這項研究持續進行了整整1個月，研究團隊分析了大量資料。

結果顯示，受試者最常從事的活動是「走路」，幾乎沒有人進行跑步或騎腳踏車等較為激烈的運動。然而，不論是以何種方式，只要有在活動身體的人，其幸福感普遍較高。而且這樣的趨勢在不同時段、平日和週末之間都是一致的（**圖49**）。

此外，研究還發現，活動頻率較高的人，

圖50　日常的身體活動能帶來日常的幸福感！

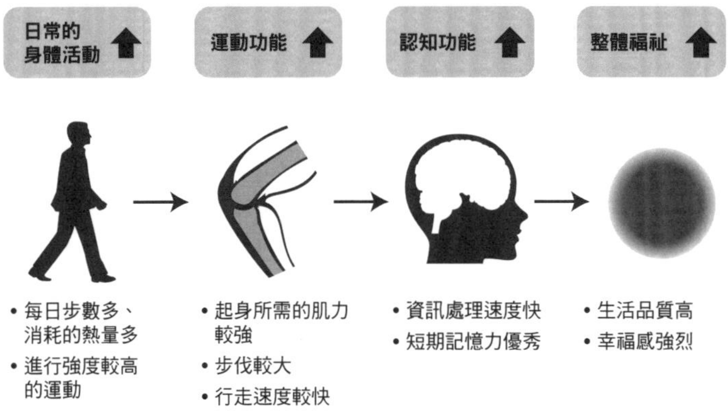

（資料來源：富山大學和漢醫藥學綜合研究所官網）

相較於幾乎整天都坐著的人，幸福感也更高。

換句話說，白天身體活動時間愈長，幸福感也就愈高。

後續的研究發現，即便一天的身體活動只增加短短10分鐘，也能提升日常生活中的幸福感。

針對這一點，日本富山大學的稻田祐奈等人以高齡者為研究對象，發現日常持續進行身體活動，不僅有助於預防衰弱等身體問題，還能提升幸福感。

這是因為日常的身體活動不僅能增強運動功能，還能改善大腦功能，最終促進日常幸福感的提升（**圖50**）。

而且，這樣的效果並不受年齡限制。例如，美國運動科學家約克等人針對小學生進行實驗，安排孩子們每週參與1次包括瑜伽在內的多項身體活動，持續8週後，發現孩子們的幸福感顯著提高。

像這樣，無論是身體活動的頻率或總量，都與幸福感的提升密切相關。

更令人開心的是，即使只是稍微增加身體活動，也足以讓幸福感產生差異。例如，每週至少活動1次的人，與完全不運動的人相比，幸福感會有明顯的差距。

也就是說，哪怕只是稍微活動一下身體，也能影響情緒，進而提升幸福感。

●作者簡介

山口創

1967年出生於日本靜岡縣，早稻田大學研究所人類科學研究科博士課程修畢。專攻領域為身體心理學與正向心理學，現任櫻美林大學博雅教育學群教授，同時也是臨床發展心理師。
著有《手の治癒力》（草思社）、《皮膚感覚の不思議》（講談社Bluebacks）、《皮膚は「心」を持っていた！》（青春新書 Intelligence）、《子育てに効くマインドフルネス》（光文社新書）、《からだの無意識の治癒力》、《最良の身体を取り戻す》（皆為Sakura舍出版）等書。

幸福感法則

揮別焦慮，用幸福荷爾蒙活出美好

出　　版／楓書坊文化出版社
地　　址／新北市板橋區信義路163巷3號10樓
郵 政 劃 撥／19907596 楓書坊文化出版社
網　　址／www.maplebook.com.tw
電　　話／02-2957-6096
傳　　真／02-2957-6435
作　　者／山口創
翻　　譯／劉姍珊
責 任 編 輯／吳婕妤
內 文 排 版／洪浩剛
港 澳 經 銷／泛華發行代理有限公司
定　　價／420元
初 版 日 期／2025年7月

國家圖書館出版品預行編目資料

幸福感法則：揮別焦慮，用幸福荷爾蒙活出美好 / 山口創作 ; 劉姍珊譯. -- 初版. -- 新北市 : 楓書坊文化出版社, 2025.07 面； 公分

ISBN 978-626-7730-20-1（平裝）

1. 幸福 2. 激素 3. 心理學

176.51　　　　114007283